水戸の碑文シリーズ　2

# 水戸烈公と藤田東湖『弘道館記』の碑文

但野正弘著

水戸史学会

錦正社

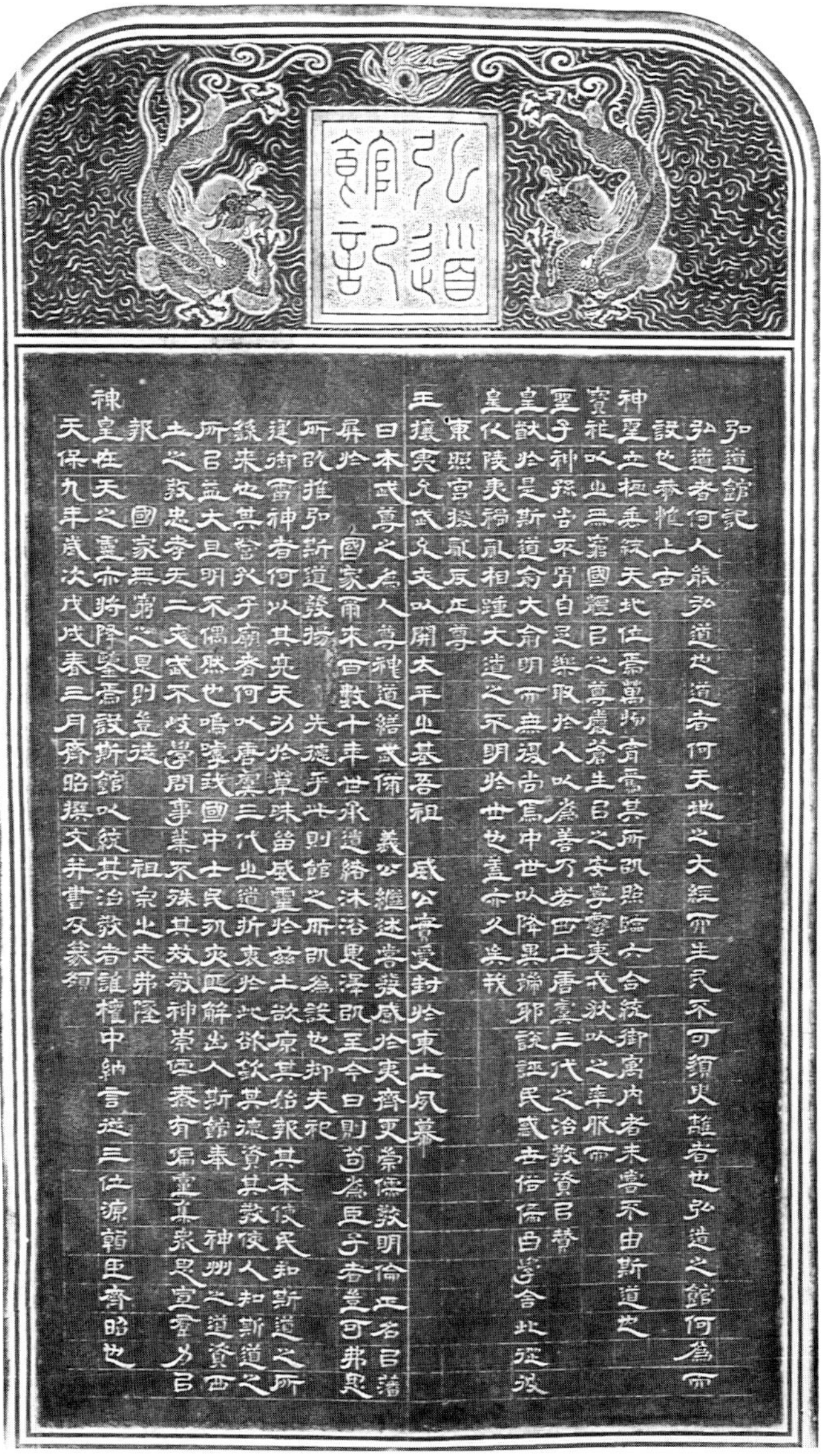
弘道館記
弘道館記
弘道者何人能弘道也道者何天地之大經而生民不可須臾離者也弘道之館何爲而
設也恭惟上古
神聖立極垂統天地位焉萬物育焉其所以照臨六合統御寓内者未嘗不由斯道也
寶祚以之無窮國體以之尊嚴蒼生以之安寧蠻夷戎狄以之率服而
聖子神孫尚不肯自足樂取於人以爲善乃若西土唐虞三代之治教資以賛
皇猷於是斯道愈大愈明而無復尚焉中世以降異端邪説誣民惑世俗儒曲學舍此從彼
皇化陵夷禍亂相踵大道之不明於世也蓋亦久矣我
東照宮撥亂反正尊
王攘夷允武允文以開太平之基吾祖
威公實受封於東土夙慕
日本武尊之爲人尊神道繕武備義公繼述嘗發感於夷齊更崇儒教明倫正名以藩
屛於國家爾來百數十年世承遺緒沐浴恩澤以至今日則苟爲臣子者豈可弗思
所以推弘斯道發揚先徳乎此則館之所以爲設也抑夫祀
建御雷神者何以其亮天功於草昧留威靈於茲土欲原其始報其本使民知斯道之所
繇來也其營孔子廟者何以唐虞三代之道折衷於此欲欽其徳資其教使人知斯道之
所以益大且明不偶然也嗚呼我國中士民夙夜匪解出入斯館奉神州之道資西
土之教忠孝無二文武不岐學問事業不殊其效敬神崇儒無有偏黨集衆思宣群力以
報國家無窮之恩則豈徒
祖宗之志弗墜
神皇在天之靈亦將降鑒焉設斯館以統其治教者誰權中納言從三位源朝臣齊昭也
天保九年歳次戊戌春三月齊昭撰文并書及篆額

『弘道館記』碑の拓本

《八卦堂》内の『弘道館記』石碑
（弘道館公園内）

藤田東湖肖像
（幕末と明治の博物館蔵）

烈公徳川斉昭肖像
（幕末と明治の博物館蔵）

旧水戸藩校「弘道館」正庁舎前景

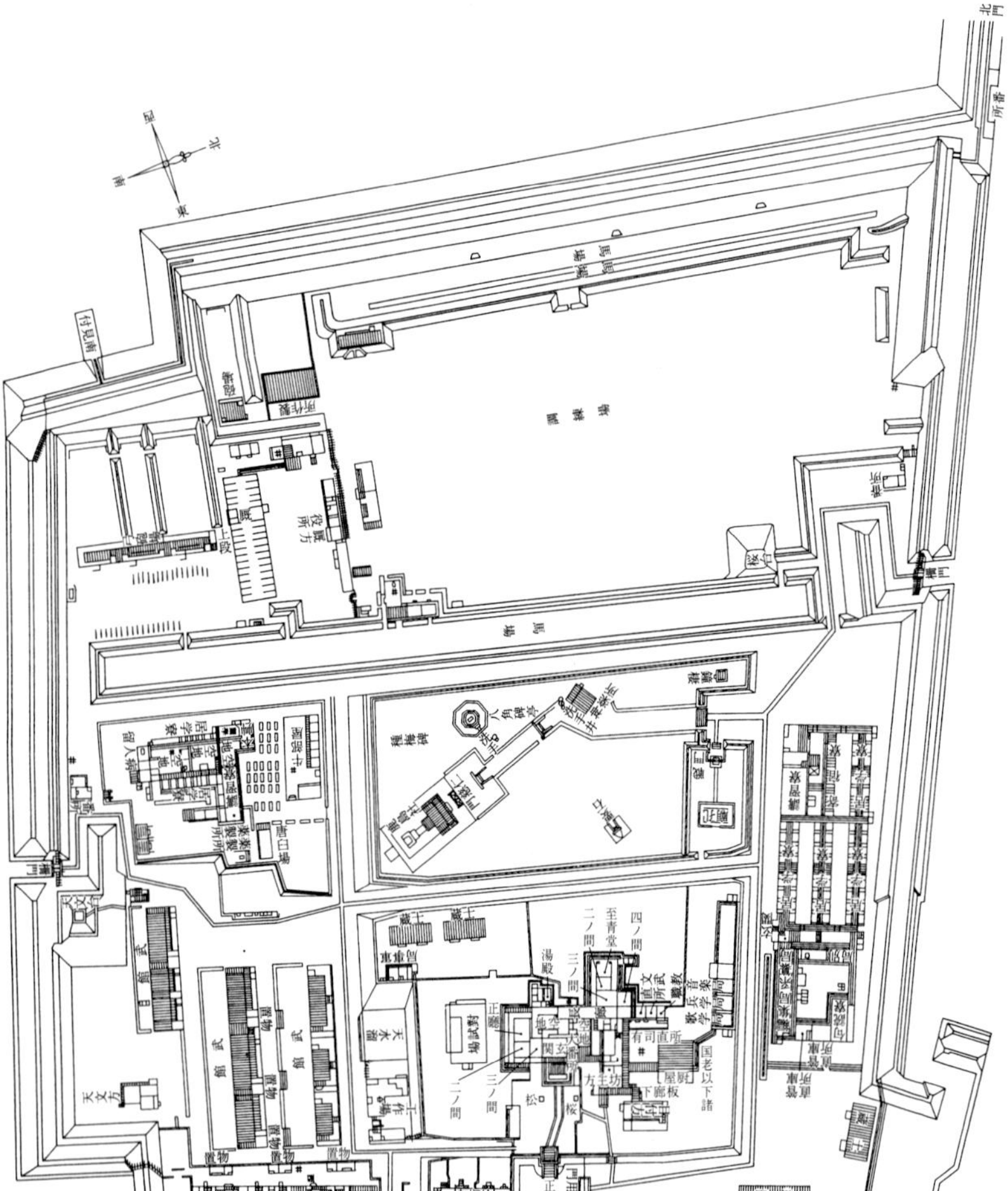


旧水戸藩校「弘道館」平面図（『水戸藩史料』より）

# まえがき

水戸史学会発行の「水戸の碑文シリーズ　2」として、有名な『弘道館記』の碑文を取り上げ、訓読・解説等を担当することになりました。

実は内心、戸惑いも感じています。筆者のような学識の浅い者が、『弘道館記』という天下の大文《だい》章を解説するなど、大それたことをしても良いのであろうか、と。

一方で、こうした機会にしっかりと勉強し直してみよう、とも考えました。

これまでも、幾多の『弘道館記』の解説書が公刊されておりますが、概して一般の人々にとっては、難しい内容の書物であったように思われます。

従って、あまり高度、難解な解説書ではなく、ごく普通の、平易な解説書を書いてみるのも意義があるかも知れない。要は、一人でも多くの人々に、『弘道館記』の文章に親しんで頂き、何かの折りに、館記の一節が口をついで出てくるような、身近なものになってほしい。そんな思いを抱きながら本書を執筆してみました。

『弘道館記』の中に凝縮《ぎょうしゅく》された教え、簡単な言葉に託《たく》された人生訓、端的な表現の中に秘められた我が日本国の長い歴史の教訓など、我々は、湧《わ》き出《いず》る泉の水を掬《すく》う如く汲《く》み取り、それによって喉《のど》を潤《うるお》し、日本人としての生き方を明るく、楽しく、豊かなものにして行きたい。それを多くの人々と分かちあって行きたいと考えています。

「弘道《こうどう》とは何《なん》ぞ。人《ひと》能《よ》く道《みち》を弘《ひろ》むるなり。」

素晴らしい言葉だと思いませんか。

これから、水戸烈公と藤田東湖によって作成され、世に弘められて行った『弘道館記』を、ご一緒に拝読し、共に学んで行こうではありませんか。

尚、漢文の原文は、『弘道館記』の拓本を底本として書き出しました。弘道館記の書き下し文や引用史料は、歴史的仮名遣い、ルビと筆者の解説文は現代仮名遣いで表記しています。

平成十四年五月一日

著者　但野正弘　識

水戸の碑文シリーズ2

# 水戸烈公と藤田東湖『弘道館記』の碑文＊目次

# 第一章 『弘道館記』の原文と書き下し文

［原 文］

弘道者《トハ》何《ゾ》。人能《ク》弘《ムル》レ道《ヲ》也。

道者《トハ》何《ゾ》。天地之大經《ニシテ》。

而生民《ノ》不《ル》レ可《カラ》二須臾《モ》離《ル》一者也。

［書き下し文］

弘道《こうどう》とは何《なん》ぞ。人《ひと》能《よ》く道《みち》を弘《ひろ》むるなり。

道とは何ぞ。天地《てんち》の大経《たいけい》にして、

生民《せいみん》の須臾《しゅゆ》も離《はな》るべからざるものなり。

弘道之館。何ノ爲ニ而設クル也。
恭シク惟ミルニ。上古神聖。立テレ極ヲ
垂レタマヒレ統ヲ。天地位シ焉。萬物
育ス焉。
其所下以ノ照二臨シ六合ヲ一。
統中御シタマヒシ寓内ヲ上者。未ダ下嘗テ

---

弘道の館《かん》、何の為に設《もう》くるや。
恭《うやうや》しく惟《おも》んみるに、上古神聖《じょうこしんせい》、極《きょく》
を立《た》て統《とう》を垂《た》れたまひ、天地位《くらい》し、
万物育《ばんぶついく》す。
其《そ》の六合《りくごう》を照臨《しょうりん》し、寓《う》内《だい》を統御《とうぎょ》したま
ひし所以《ゆえん》のもの、未《いま》だ嘗《かつ》て

不ンバアラザル上レ由ラ二斯ノ道ニ一也。
寶祚以レ之無窮。國體以レ
之ヲ尊嚴。蒼生以テレ之ヲ安寧。
蠻夷戎狄以テレ之ヲ率服ス。
而シテ聖子神孫。尚不二肯テ自ラ
足レリトセ一。

---

斯《こ》の道に由《よ》らずんばあらざるなり。
宝祚《ほうそ》これを以て無窮《むきゅう》、国体《こくたい》これを以て
尊厳《そんげん》、蒼生《そうせい》これを以て安寧《あんねい》、
蛮夷戎狄《ばんいじゅうてき》これを以て率服《そっぷく》す。
而《しこう》して聖子《せいし》神孫《しんそん》、尚肯《なおあえ》て自《みずか》ら
足《た》れりとせず、

樂《シミタマフ》下取《リテ》二於人《ニ》一以《テ》爲《スヲ》上レ善《ヲ》。
乃若《チキ》二西土唐虞三代之治
教《ノ》一。資《リテ》以《テ》贊《ケタマフ》二皇猷《ヲ》一。
於《テ》レ是《ニ》斯《ノ》道愈大《ニ》愈明《カニシテ》而無《シ》二
復尚《フル》一焉。
中世以降。異端邪説。誣《ヒ》レ

---

人に取《と》りて以て善《ぜん》を為《な》すを楽《たの》しみたまふ。
乃《すなわ》ち西土《せいど》唐虞《とうぐ》三代の治教《ちきょう》の若《ごと》き、
資《と》りて以《もっ》て皇猷《こうゆう》を賛《たす》けたまふ。
是《ここ》に於て斯《こ》の道 愈《いよいよ》大《だい》に 愈《いよいよ》明《あきら》かに
して、また尚《くわ》ふる無《な》し。
中世以降《ちゅうせいいこう》、異端邪説《いたんじゃせつ》、民《たみ》を誣《し》ひ、

民ヲ惑ハシレ世ヲ。俗儒曲学。舎テテレ此ヲ従ヒレ彼ニ。皇化陵夷シ。禍乱相踵ギ。

大道之不ルヤレ明カナラ二於世ニ一也。

蓋シ亦久シ矣。

我ガ東照宮。撥亂反正。

---

世《よ》を惑《まど》はし、俗儒曲学《ぞくじゅきょくがく》、此《これ》を舎《す》てて、彼《かれ》に従《したが》ひ、皇化陵夷《こうかりょうい》し、禍乱相踵《からんあいつ》ぎ、

大道《たいどう》の世《よ》に明《あきら》かならざるや、

蓋《けだ》し亦久《またひさ》し。

我《わ》が東照宮《とうしょうぐう》、撥乱反正《はつらんはんせい》、

尊王攘夷。允武允文。
以テ開ク二太平之基ヲ一。
吾ガ祖威公。實ニ受ケ二封ヲ於東土ニ一。
夙ニ慕ヒ二日本武尊之為リヲ一レ人ト。
尊ビ二神道ヲ一。繕ム二武備ヲ一。
義公繼述シ。嘗テ發シ二感ヲ於夷齊ニ一。

---

尊王攘夷《そんのうじょうい》、允武允文《いんぶいんぶん》、
以《もっ》て太平《たいへい》の基《もとい》を開《ひら》く。
吾《わ》が祖威公《そいこう》、実《じつ》に封《ほう》を東土《とうど》に受《う》け、
夙《つと》に、日本武尊《やまとたけるのみこと》の人《ひと》となりを慕《した》ひ、
神道《しんとう》を尊《とうと》び、武備《ぶび》を繕《おさ》む。
義公《ぎこう》継述《けいじゅつ》し、嘗《かつ》て感《かん》を夷斉《いせい》に発《はっ》し、

更ニ崇ビ㆓儒教ヲ㆒。明カニシ㆑倫ヲ正シ㆑名ヲ。
以テ藩㆓屏タリ於國家ニ㆒。
爾來百數十年。世承ケ㆓遺緒ヲ㆒。
沐㆓浴シ恩澤ニ㆒。以テ至ル㆓今日ニ㆒。
則チ苟モ爲ル㆓臣子㆒者。豈可ケンヤ㆑弗ル㆑
思ハ㆑所㆘以ヲ推㆓弘シ斯ノ道ヲ㆒。發㆗

---

更《さら》に儒教《じゅきょう》を崇《とうと》び、倫《りん》を明《あきら》かにし名《な》を正《ただ》し、
以《もっ》て国家に藩屏《はんぺい》たり。
爾来《じらい》百数十年。世《よよ》遺緒《いちょ》を承《う》け、
恩澤《おんたく》に沐浴《もくよく》し、以て今日に至《いた》る。
則《すなわ》ち苟《いやしく》も臣子《しんし》たる者《もの》、豈《あに》斯《こ》の道《みち》を
推弘《すいこう》し、先徳《せんとく》を発揚《はつよう》する所以《ゆえん》を思《おも》は

揚スル先徳ヲ上乎。
此レ則チ館ノ所二以為ニ設ケラルル一也。
抑モ夫ノ祀ルハ二建御雷神ヲ一者何ゾ。
以テ下其ノ亮ケ二天功ヲ於草昧ニ一。
留メタマヘルヲ中威靈ヲ於茲ノ土ニ上。欲スル戊
原ネ二其ノ始ヲ一。報ヰ二其ノ本ニ一。使シメント丁

ざるべけんや。
此《こ》れ則ち館《かん》の為《ため》に設《もう》けらるる所以《ゆえん》なり。
抑《そもそも》夫《か》の建御雷神《たけみかずちのかみ》を祀《まつ》るは何《なん》ぞ。
其《そ》の天功《てんこう》を草昧《そうまい》に亮《たす》け、
威霊《いれい》を茲《こ》の土《ど》に留《とど》めたまへるを以て、
其の始《はじめ》を原《たず》ね、其の本《もと》に報《むく》い、

民知斯道之所繇來也。其營孔子廟者何。以唐虞三代之道。折衷於此。欲欽其德。資其教。使人知斯道之所以益大且明不偶然也。

民《たみ》をして斯《こ》の道の繇《よ》りて来《きた》る所《ところ》を知《し》らしめんと欲《ほっ》するなり。

其《そ》の孔子《こうし》の廟《びょう》を営《いとな》むは何《なん》ぞ。唐虞《とうぐ》三代《さんだい》の道《みち》、此《ここ》に折衷《せっちゅう》するを以て、其の徳《とく》を欽《うやま》ひ、其の教へを資《と》り、人《ひと》をして斯《こ》の道の益大《ますますだい》、且《か》つ明《あきら》かなる所以《ゆえん》の偶然《ぐうぜん》ならざるを知《し》らしめんと欲《ほっ》するなり。

嗚呼我國中士民。夙夜匪解。
出入斯館。奉神州之道。
資西土之教。忠孝无二。
文武不岐。學問事業。不
殊其效。
敬神崇儒。無有偏黨。

嗚呼《ああ》、我が国中《こくちゅう》の士民《しみん》、夙夜解《しゅくやおこた》らず、
斯《こ》の館《かん》に出入《しゅつにゅう》し、神州《しんしゅう》の道《みち》を奉《ほう》じ、
西土《せいど》の教へを資《と》り、忠孝《ちゅうこう》二《に》无《な》く、
文武《ぶんぶ》岐《わか》れず、学問事業《がくもんじぎょう》、
其《そ》の效《こう》を殊《こと》にせず
神《かみ》を敬《うやま》ひ儒《じゅ》を崇《とうと》び、偏党《へんとう》有《あ》る無《な》く、

集メ二衆思ヲ一宣ベ二群力ヲ一。
以テ報イナバ二國家無窮之恩ニ一。則チ
豈徒ニ祖宗之志弗ルノミナランヤレ墜チ。
神皇在天之靈モ。亦將ニトス二降
鑒シタマハン一焉。
設ケテ二斯ノ館ヲ一以テ統ブル二其ノ治教ヲ一者ハ誰ゾ。

---

衆思《しゅうし》を集《あつ》め、群力《ぐんりょく》を宣《の》べ、
以《もっ》て国家無窮《むきゅう》の恩《おん》に報《むく》いなば、則ち
豈徒《あにただ》に祖宗《そそう》の 志《こころざし》 墜《お》ちざるのみならんや。
神皇在天《じんのうざいてん》の霊《れい》も、亦将《またまさ》に降鑒《こうかん》したまはんとす。
斯《こ》の館《かん》を設《もう》けて、以て其の治教《ちきょう》を統《す》ぶ

權中納言從三位源朝臣

齊昭也。

天保九年歳次戊戌春三月

齊昭撰文并書及篆額。

---

る者《もの》は誰《たれ》ぞ。

權中納言從三位《ごんちゅうなごんじゅさんみ》 源《みなもとの》 朝臣《あそん》

齊昭《なりあき》なり。

天保《てんぽう》九年 歳次《さいじ》 戊戌《ぼじゅつ》《ほしはつちのえいぬにやどる》春三月

斉昭撰文《せんぶん》 并《ならびに》 書《しょ》 篆額《てんがく》

# 第二章　『弘道館記』の現代語訳と語釈

最初に、『弘道館記』が問答体の文章で書かれていることに注意しましょう。即ち、質問をし、一々問題を出しては、それに解答を与えて行くという形式です。

**◉まず質問の第一は、「弘道《こうどう》とは何《なん》ぞ。」**

「弘道というのは、どういうことでありましょうか。」

**◎答えは、「人能《ひとよ》く道《みち》を弘《ひろ》むるなり。」**

「人が道というものを弘めることが出来るのです。道が自然に弘まるのではありません。我々の努力によって道は弘まり、また道は維持されるのであります。」

**【語釈】**

(1)「弘道《こうどう》」――この言葉の出典は、『論語《ろんご》』の「衛霊公篇《えいのれいこうへん》」の一節です。

「子曰《しいわ》く、人能《ひとよ》く道《みち》を弘《ひろ》む。道、人を弘むるに非《あら》ざる也。」

(2)「能《よ》く」――善い（良い）・悪いの「善《よ》く」ではなく、出来るか、出来ないか、即ち可能か、不可能かということで、「能力」のことを意味します。

◇当時においては、「弘道《こうどう》」といえば、この『論語』の一節が、すぐさま人々の脳裏《のうり》に思い浮かぶほど、有名な言葉であったと思います。

道を弘めることの出来る人物を育てるのが、学校教育の大眼目であるということから、「弘道館」と名付けられたのでしょう。

この「弘道館」という名称は、佐賀藩《さがはん》・福山藩《ふくやまはん》・彦根藩《ひこねはん》などでも、水戸藩よりも早い時期に、藩校名として使われています。

**◉第二の質問は、「道《みち》とは何ぞ。」**

「では、人が道を弘めると言いますが、《道》とは、一体何でありましょうか。」

**◎答えは、「天地《てんち》の大径《たいけい》にして、生民須臾《せいみんのしゅゆ》も離《はな》るべからざるものなり。」**

「道というのは、天地＝自然界における大きな秩序《ちつじょ》であり、人が生きて行く為の、最も大切な筋道《すじみち》であって、生きている人間がどのような立場にあろうとも、一瞬たりとも逃れることが出来ない、守らねばならない大事なものであります。」

**【語釈】**

(1)「天地の大径《たいけい》」――天と地とが、永遠にその位置を変えないように、どのような時代になっても変化することのない道理《どうり》や秩序《ちつじょ》。人が歩《あゆ》むべき大いなる道。

(2)「生民《せいみん》」――生きている人間。

(3)「須臾《しゅゆ》」――しばらく、ほんの少しの間も。

この言葉は、『中庸《ちゅうよう》』(論語《ろんご》・孟子《もうし》・大学《だいがく》と共に四書《ししょ》の一つ)に出てきます。

「道は、**須臾《しゅゆ》も離《はな》る可《べ》からざる也《なり》**。離る可きは道に非《あら》ざる也。」

◇今、これを道路にたとえてみましょう。我々は目的地に向かって道路を歩きます。その道路を正しく歩くことによって、間違いなく、安全に、目的地に達することが出来ます。

しかし、その道路を踏みはずせば、ドブの中に落ちたり、田んぼの中に転げ落ちたり、果ては、谷底に転落し、命を失うことさえあるわけです。

我々は、人の道を歩まなければなりません。人の道を離れ、「けもの道」を行ったのでは、人は獣《けもの》に堕落《だらく》してしまいます。
人の道は天地自然の秩序であり、道徳であります。

**◉第三の質問は、「弘道の館《かん》、何の為に設《もう》くるや。」**

「更に伺います。弘道館《かん》という学校は、どういう目的で創建するのですか。」
これについての答えは、長く続きます。以下少しずつ区切りながら解説しましょう。

**◎「恭《うやうや》しく惟《おも》んみるに、上古神聖《じょうこしんせい》、極《きょく》を立《た》て統《とう》を垂れたまひ、」**

「謹《つつし》んで考えてみますと、わが国においては、遠い遥《はる》かな昔、天照大神《アマテラスオオミカミ》が最高の位《くらい》をお極めになり、皇孫瓊瓊杵尊《こうそんニニギノミコト》をお下しになって秩序の根本が立ち、やがて神武天皇《じんむてんのう》が天皇の御位《みくらい》にお即《つ》きになりました。
そして、天皇をもって秩序の根本・本源とされて、後世の天皇にこれを伝えられ、その御血統の子孫の方々が、天皇の御位《みくらい》を嗣《つ》いで来られたのであります。」

**【語釈】**

（1）

「極《きょく》を立て統《とう》を垂《た》れたまひ」——天照大神《アマテラスオオミカミ》が、御孫の瓊瓊杵尊《ニニギノミコト》をこの大八洲《おおやしま》国《ぐに》（日本）にお下しになる時に与えられた言葉が、有名な「天壌無窮《てんじょうむきゅう》の神勅《しんちょく》」と伝えられるものです。葦原《あしはら》の生《お》い茂《しげ》る瑞穂《みずほ》の国《くに》＝日本は、私の子孫が王《きみ》となって治めるべき国です。あなたはこれから瑞穂国日本へ行って治めなさいと言われ、

「寶祚之隆、當下與二天壌一無上レ窮者矣。」（『日本書紀』巻二）

——寶祚《あまつひつぎ》の隆《さか》へまさんこと、當《まさ》に天壌《あめつち》と窮《きわま》りなかるべし。——

との詔《みことのり》を賜《たまわ》りました。これが、「極《きょく》を立て、統《とう》を垂《た》れたまひ」の本源となるものでありました。

◎**「天地位《くらい》し、万物育《ばんぶついく》す。」**

「天地自然の秩序は立ち、そしてすべてのものが、その中に成育《せいいく》し、繁栄《はんえい》するに到《いた》ったのであります。」

これまた重大な言葉です。「天地位し、万物育す」＝日本国家の歴史はこゝに

始まるのであります。
日本民族の生活は、数千年から一万年前にも遡《さかのぼ》る、古い石器時代の生活もあったでありましょう。しかし、そういう生活そのものが、国の歴史、日本という国家の歴史というわけではありません。生活変遷史とでも言うべきものでしょう。日本の国家としての秩序が出来上がった時に、日本の歴史は始まったのです。

◎**「其の六合《りくごう》を照臨《しょうりん》し、寓内《うだい》を統御《とうぎょ》したまひし所以《ゆえん》のもの、」**
「天皇が、世の中を照らし、天下・国家を統御《とうぎょ》されました拠《よ》り所は、」

**【語釈】**
(1)「六合《りくごう》」——天地（上下）と四方（東西南北）を合わせて六方向。
(2)「寓内《うだい》」——天下、国家と同じ意味。

◎**「未《いま》だ嘗《かつ》て斯《こ》の道に由《よ》らずんばあらざるなり。」**
「未だかつて、この道に基づかなかったということはないのであります。」

天照大神をはじめ、神武天皇などによって示された我が国の秩序、正しい人としての道。その道によって日本の政治は行なわれて来たのであります。」

◎「**寶祚**《ほうそ》**これを以て無窮**《むきゅう》**、国体**《こくたい》**これを以て尊厳**《そんげん》**、蒼生**《そうせい》**これを以て安寧**《あんねい》**、蛮夷戎狄**《ばんいじゅうてき》**これを以て率服**《そっぷく》**す。**」

「天皇の御位は、この道に由《よ》られたことによって永遠に続き、日本の国柄《くにがら》は、これを以て尊厳であり、万民《ばんみん》は、これを以て世の中穏《おだ》やかに生活を送ることが出来、四方の諸外国・諸民族も、この道があるので日本に従い服するのであります。」

**【語釈】**

(1)「寶祚《ほうそ》」――あまつひつぎと読み（前出の神勅）、天皇の御位・皇位をさします。

(2)「無窮《むきゅう》」――「窮《きわ》まり無《な》く」と読んでもよいが、後の文が「尊厳《そんげん》」「安寧《あんねい》」と続きますので、「無窮《むきゅう》」と読む方が落ち着くでしょう。永遠、永久の意味です。

(3)「国体《こくたい》」――国の根本の姿、国柄《くにがら》を言います。我が国は、昔から天皇を中心とした国ですから、君主国です。摂関《せっかん》政治・武家政治・議会制民主主義などは、政治の形態で、「政体《せいたい》」と言います。

(4)「蒼生《そうせい》」——百姓万民《ひゃくせいばんみん》、人民のこと。

(5)「蛮夷戎狄《ばんいじゅうてき》」——この言葉はシナ（中国）の「中華思想《ちゅうか》」から出た呼称ですが、シナに於ては、自国を世界の中心において「中華・中国」と称し、南の方に住む異民族を南蛮《なんばん》、東の方を東夷《とうい》、西の方を西戎《せいじゅう》、北の方を北狄《ほくてき》と呼びました。即ち略して、「蛮夷戎狄《ばんいじゅうてき》」です。

自国（シナ・中国）以外は、全て未開《みかい》・野蛮《やばん》な地方とみなしておりました。

この言葉は、我が国にも伝わって使われるようになり、異民族や諸外国のことを総称して「蛮夷戎狄《ばんいじゅうてき》」、或いは「蛮夷《ばんい》」「夷狄《いてき》」と呼ぶようになりました。

(6)「率服《そっぷく》」——率は、ひきつれて従う意、服従と同じ意味。

◎**「而《しこう》して聖子神孫《せいししんそん》、尚肯《なおあえ》て自《みずか》ら足《た》れりとせず、」**

「そこで、日本は、その日本の国が出来ました時に、すでに道は確立されたのでありますが、しかしながら、御歴代の天皇は、神武天皇以来の日本の道さえあれば、それで十分である、とはお考えなされず、」

【語釈】

(1)「聖子神孫《せいししんそん》」——御歴代の天皇。

◎「**人に取《と》りて以《もっ》て善《ぜん》を為《な》すを楽しみたまふ。**」

「他人の長所をとって、即ち外国の文化や道徳の中に、善《よ》いものがあればそれを採用して、ますます善を為すことを楽しまれたのであります。」

◎「**乃《すなわ》ち西土唐虞三代《せいどとうぐさんだい》の治教《ちきょう》のごとき**」

「すなわち、シナ（中国）の堯《ぎょう》・舜《しゅん》・夏《か》・殷《いん》・周《しゅう》など、古代の最も盛んな時代の教え、それを集大成された孔子《こうし》の教え、言い換えれば《儒教《じゅきょう》》の教えを」

【語釈】

(1)「西土《せいど》」——日本からみて西の国、シナ（中国）のこと。

(2)「唐虞三代《とうぐさんだい》」——唐《とう》は、堯《ぎょう》のことで、虞《ぐ》は舜《しゅん》のことです。

堯は初め唐というところの殿様でありましたので、堯のことを唐と称しました。

それから、三代は、禹王《うおう》の夏《か》、湯王《とうおう》の殷《いん》、武王《ぶおう》の周《しゅう》をさします。

唐虞三代で、堯《ぎょう》・舜《しゅん》・夏《か》・殷《いん》・周《しゅう》ということになります。

◎

**「資《と》りて以《もっ》て、皇猷《こうゆう》を賛《たす》けたまふ。」**

「これを元手《もとで》とし、資料・資材として採用し、日本文化を発展させ、道義《どうぎ》を開明《かいめい》されて、天皇の大いなる謀（はかりごと）、即ち国土統一と経営の大事業の達成を賛《たす》けられたのであります。」

【語釈】

(1)「資《と》りて」――元手《もとで》として、資料・資材として、

(2)「皇猷《こうゆう》」――天皇の大なる謀（はかりごと）の意。

◎

**「是《ここ》に於て斯《こ》の道愈《いよいよ》大《だい》に、愈《いよいよ》明《あき》らかにして、また尚《くわ》ふる無し。」**

「ここに於て、日本の道は、いよいよ宏大《こうだい》に、いよいよ明らかになり、これ以上更に加えることが出来ない程に、素晴らしいものに発展しました。」

**【語釈】**

(1)「兪《いよいよ》」——下に心がある「愈」に同じ。

(2)「尚ふる」——「くわふる」と読み、付け加える意味です。

◎**「中世以降、異端邪説《いたんじゃせつ》、民を誣《し》ひ、世を惑《まど》はし、」**

「ところが、仏教などの外国の思想が伝来して以降、我が国の正しい道や人倫道徳を害するような、間違った説、邪悪な考え方が、人々をあざむき、世の中を惑《まど》わして」

**【語釈】**

(1)「中世以降」——この場合の中世は、現代の歴史学で分類しているような、武家政権発生以来の、つまり、鎌倉時代以降を中世と称しているのとは違って、仏教などが伝来して以後の時代を「中世」と呼んでいるようです。

それ以前の、素朴な神々への信仰が盛んであった時代を「古代」と考えて、区別したのであろうと思われます。

(2)「異端邪説《いたんじゃせつ》」――邪道、間違った説。

(3)「誣《し》ひ」――あざむき、いつわる。

◎**「俗儒《ぞくじゅ》曲学《きょくがく》、此《これ》を舎《す》て彼《かれ》に従《したが》ひ、」**

「くだらない、間違った学者共が、日本の道を捨て丶外国の異端邪説《いたんじゃせつ》に従い、」

**【語釈】**

(1)「俗儒《ぞくじゅ》曲学《きょくがく》」――俗儒は、見識が低く、心の卑《いや》しい学者。世の中から持て囃《はや》されることを意識しておもねり、また、へつらう学者を言います。

曲学は、真理を曲《ま》げた、正道によらないよこしまな学問を言います。

(2)「舎《す》て」――捨てに同じ。

◎**「皇化陵夷《こうかりょうい》し、禍乱相踵《からんあいつ》ぎ、」**

「天皇のお教えが衰えて、世の中が乱れ、戦乱が相ついで起こり、」

◎「**大道《たいどう》の世《よ》に明《あきらか》かならざるや、蓋《けだ》し亦久《またひさ》し。**」

「根本の道義・道徳が、世の中において明らかでなくなったのは、よくよく考えてみると、これまた随分《ずいぶん》年久しいことと言わなければなりません。」

**【語釈】**

(1)「皇化《こうか》」——天皇のお教え。

(2)「陵夷《りょうい》」——陵《りょう》は丘《おか》、夷《い》は平地になること。丘が平地になるということで、衰えることを意味します。

(3)「禍乱《からん》」——事変や戦乱。

(4)「蓋《けだ》し」——よくよく考えてみると。

◎「**我《わ》が東照宮《とうしょうぐう》**」

「我々のご先祖である徳川家康《とくがわいえやす》公は、」

【語釈】

(1)「東照宮《とうしょうぐう》」——江戸幕府初代の徳川家康のこと。
逝去後、朝廷から神号《しんごう》を「東照大権現《とうしょうだいごんげん》」、宮号《みやごう》を「東照宮《とうしょうぐう》」と賜りました。
二代秀忠からは、「安国院《あんこくいん》」という院号も贈られています。

◎**「撥乱反正《はつらんはんせい》」**(「乱《らん》を撥《おさ》め正《せい》に反《かえ》し」と読んでも良い。)

「戦乱を治《おさ》め、世の中を正しい道にかえし、」

【語釈】

(1)「撥乱反正《はつらんはんせい》」(乱《らん》を撥《おさ》め正《せい》に反《かえ》し)

「撥乱反正」という言葉は、孔子《こうし》の著と伝えられる魯《ろ》の国の歴史書、『春秋《しゅんじゅう》』の「公羊伝《くようでん》」(哀公《あいこう》十四年)の中に出てきます。

「撥二乱世一、反二諸正一」(乱世《らんせ》を撥《おさ》め、諸《これ》を正《せい》に反《かえ》す。)

後世、世の中に広く用いられるようになった言葉です。「撥」は、「明治」の「治」と同じ意味で、「おさめる」ことです。

◎「**尊王攘夷**《そんのうじょうい》」（「王《おう》を尊《とうと》び夷《い》を攘《はら》ひ」と読んでも良い。）

「皇室を敬《うやま》い尊び、外国の圧力や間違った考え方を攘《はら》いのけられ、」

**【語釈】**

(1)「尊王《そんのう》」（王《おう》を尊《とうと》び）――天皇・皇室を尊ぶこと。当時の水戸藩では、この『弘道館記』をはじめとして、「尊皇《そんのう》」ではなく、主に「尊王《そんのう》」と表記しています。

(2)「攘夷《じょうい》」（夷《い》を攘《はら》ひ）――夷《い》は、外国・外敵のことを指しますが、攘夷《じょうい》は、単に外敵をうち攘《はら》うという意味だけではなく、間違った外国の思想をも排除するという意味も含めて、考えた方がこの場合は適当すると思います。

◎「**允武允文**《いんぶいんぶん》**、以**《もっ》**て太平**《たいへい》**の基**《もとい》**を開**《ひら》**く。**」

「文武《ぶんぶ》二つの徳《とく》が発揮《はっき》されて戦乱が収《おさ》まり、太平の基礎が築かれました。」

**【語釈】**

(1)「允武允文《いんぶいんぶん》」――允《いん》は、まことに・真《しん》にという意味で、「まことに武、まことに文」とも読みます。即ち真《しん》に武勇《ぶゆう》があり、真に文徳《ぶんとく》があることを言います。文武の徳が備わっていることを讃《たた》えていう言葉です。

(2)「太平《たいへい》の基《もとい》」――関ケ原《せきはら》の合戦《かっせん》(一六〇〇)及び大坂冬《おおざかふゆ》・夏《なつ》の陣《じん》(一六一四〜一五)を経《へ》て、百年以上にわたる戦国戦乱の世が終息《しゅうそく》を迎え、以後、二百五十年余に及ぶ太平の時代を迎えるに至ったこと。

◎「吾《わ》が祖《そ》威公《いこう》」

「吾が水戸家の元祖である威公《いこう》・徳川頼房公《とくがわよりふさこう》は、」

【語釈】

(1)「吾《わ》が祖《そ》」――前の文では「我が東照宮」と「我」の字を用い、ここでは「吾が祖」と「吾」の字を用いています。その違いは、「我」は、「他」に対して「ワレ」という意味で、他の家柄に対して「我ら徳川家の祖である東照宮は」と言う意味で使っています。

これに対し、「吾」は、自分自身＝「己《おのれ》」の意味ですので、「水戸徳川家自身の先祖」という使い方をして、それぞれ区別しているわけです。

(2)「威公《いこう》」――徳川頼房の諡《おくりな》（死後に贈られる尊称）です。

◎**「実《じつ》に封《ほう》を東土《とうど》に受け、」**

「徳川家康公のお子さんとして、東の方の常陸国《ひたちのくに》に封《ほう》ぜられて、水戸藩の初代藩主になりました。」

**【語釈】**

(1)「封」――封土《ほうど》、支配を許された領地のこと。

(2)「東土《とうど》に受け」――頼房は、慶長八年（一六〇三）八月に家康の十一男として伏見城《ふしみじょう》に生れました。四歳で常陸下妻《しもつま》五万石（一説に十万石）の城主となり、さらに慶長十四年（一六〇九）七歳の時に水戸二十五万石（のち二十八万石）の城主に封《ほう》ぜられて、水戸徳川家の歴史が始まりました。

**◎「夙《つと》に、日本武尊《やまとたけるのみこと》の人《ひと》となりを慕《した》ひ、」**

「早くから、日本武尊の人柄とその事業を慕っており、水戸城近くにあります日本武尊をお祀《まつ》りした吉田《よしだ》神社を、特に崇敬《すうけい》しておりました。」

**【語釈】**

(1)「日本武尊《やまとたけるのみこと》」――『古事記《こじき》』では「倭建命《やまとたけるのみこと》」。名は小碓命《おうすのみこと》、第12代景行《けいこう》天皇の皇子。九州の熊襲《くまそ》や東北の蝦夷《えみし》（えぞ）の征討で名高く、各地に所縁《ゆかり》の伝承があります。

(2)「吉田《よしだ》神社」――JR常磐線《じょうばんせん》水戸駅の南東、水戸城址《みとじょうし》と相対する南の高台に鎮《ちん》座《ざ》する神社。社伝によれば、日本武尊が蝦夷征討《えみしせいとう》のおり、この丘で兵を休息させ御旗《みはた》を朝日に輝かせたところから、朝日三角山《あさひさんかくやま》と呼ばれるようになり、顕宗《けんぞう》天皇の御代《みよ》（五世紀頃）に日本武尊を祀《まつ》って創建されたと伝えられています。

平安時代の『延喜式《えんぎしき》』にも名神大社《みょうじんたいしゃ》として記載され、「常陸《ひたち》三《さん》の宮《みや》」として崇敬《すうけい》されて来ました。［一の宮は鹿島《かしま》神宮・二の宮は静《しず》神社］

◎「神道《しんとう》を尊び、武備《ぶび》を繕《おさ》む。」

「威公はわが国古来の神道を尊崇《そんすう》し、京都の萩原兼従《はぎわらかねより》に就いて神道を学び、また武備を整え、非常時に備えられました。」

【語釈】

(1)「繕《おさ》む」――繕は、修と同じで「おさめる」ですが、「そなえる」という意味にとった方が適当すると思います。

尚、威公頼房は、武勇の気象《きしょう》に富《と》んだ武士で、城下町としての水戸の街《まち》の整備を進めると共に、水戸藩の軍制を整え、また将軍秀忠《ひでただ》や家光《いえみつ》に従って四度上京し、天皇に拝謁《はいえつ》しました。篤《あつ》く皇室を尊び、毎年水戸の那珂川《なかがわ》でとれた初鮭《はつざけ》を、朝廷に献上《けんじょう》することを慣例としておりました。

◎「義公《ぎこう》継述《けいじゅつ》し、」

「義公《ぎこう》徳川光圀《みつくに》公は、父威公の精神を正しく継承《けいしょう》されて、」

【語釈】

(1)「義公《ぎこう》」――水戸二代藩主徳川光圀《とくがわみつくに》の諡《おくりな》です。義公は威公頼房《いこうよりふさ》の三男として、寛永五年(一六二八)六月に水戸の城下で生れ、六歳で世子《せいし》に決定し江戸に出ました。三十四歳の時に父が亡くなって二代藩主に就任し、六十三歳で隠居。水戸黄門《こうもん》と呼ばれ、常陸太田《ひたちおおた》の西山荘《せいざんそう》に約十年間隠棲《いんせい》して、元禄十三年(一七〇〇)十二月六日に七十三歳で亡くなりました。

(2)「継述《けいじゅつ》」――前人《ぜんじん》のあとを受け継いで述べる。継承《けいしょう》祖述《そじゅつ》すること。

◎「嘗《かつ》て感《かん》を夷斉《いせい》に発《はっ》し、」

「義公は、十六・七歳頃の青年期において、自由奔放《ほんぽう》な、無自覚な行動をとっておりましたが、十八歳の時に『史記《しき》』の伯夷伝《はくいでん》を読んで、伯夷叔斉《はくいしゅくせい》兄弟の言動に感激し、人生における大転換を遂げました。」

**【語釈】**

(1)「夷斉《いせい》」――殷《いん》の時代末期(前十一世紀頃)、諸侯の孤竹君《こちくくん》の子で兄伯夷《はくい》と弟叔斉《しゅくせい》の兄弟のこと。前漢《ぜんかん》の史家司馬遷《しばせん》が著した『史記《しき》』の「伯夷列伝第一《はくいれつでん》」(通称「伯夷伝《はくいでん》」の中に、二つの重要な話が語られており、それが義公における人生の大転換につながって行くことになります。

◇一つは、二人の父孤竹君《こちくくん》が亡くなった後、兄弟で家督《かとく》を譲《ゆず》りあったことです。これを読んだ義公は、自分が弟の身でありながら、六歳年上の長兄、松平頼重《よりしげ》公をさしおいて、少年時代（六歳）に水戸家の継嗣《けいし》と決められていたことに、非常な良心の呵責《かしゃく》を感じ、従来の自由奔放《ほんぽう》な生活ぶりを厳しく反省して、志を立てるに至りました。

◇もう一つの話は、周《しゅう》の武王《ぶおう》が、殷《いん》の紂王《ちゅうおう》を武力で討《う》とうとした時に、伯夷叔斉がその不忠《ふちゅう》を厳しく諫《いさ》めたこと。及び武王が紂王を滅ぼして周を建国したのち、二人が周の粟《ぞく》（食物）を食べることを拒否して首陽山《しゅようざん》（西山《せいざん》）に籠《こ》もり、餓死《がし》して最後まで人の道を貫《つらぬ》いたということです。

この話を読んだ青年義公は、そこに伯夷叔斉の驚くべき人生観を見ました。彼は、初めて道義《どうぎ》の世界、人の道の真実というものを知ったのでありました。

◎「更《さら》に儒教《じゅきょう》を崇《とうと》び、」

「さらに儒教を尊崇《そんすう》して学問を深め、」

【語釈】

(1)「儒教《じゅきょう》」——義公は、道義を究明し道徳を実践する教えとして、儒教、殊には朱子学《しゅしがく》を重要視していますが、必ずしも朱子学のみに偏執《へんしゅう》していたわけではなく、老荘《ろうそう》思想などに至るまで幅広く学んでいたと思われます。

◎「倫《りん》を明《あきら》かにし、名《な》を正《ただ》し、」

「人倫《じんりん》・道徳を明らかにし、君《きみ》は君、臣《しん》は臣、親《おや》は親、子《こ》は子としての、それぞれの名《な》に恥《は》じない徳《とく》を修め、名分《めいぶん》を正すことを実践され、」

【語釈】

(1)「倫《りん》」——人倫《じんりん》、人の踏み行なうべき道。道徳。

(2)「名《な》を正《ただ》し」——それぞれの立場における名分を正すこと。

義公は常日頃から、学問の本義は「人の人たる道を知ることだ」と主張し、両親や兄弟、上は天皇から将軍、武士、庶民に対しても、為《な》すべき道を究明して、それを実行しながら、人にも学問を勧《すす》め、道を教えたのでありました。

◎**「以《もっ》て国家《こっか》に藩屏《はんぺい》たり。」**

「それによって、屋敷に垣根《かきね》や塀《へい》があるように、国家の垣・塀となって皇室を護って来られたのであります。」

**【語釈】**

(1)「藩屏《はんぺい》」――垣根や塀など周囲を保護するもの。皇室を護《まも》ること。また護る人。

◎**「爾来《じらい》百数十年。」**

「その義公以来、百数十年の間（弘道館記が書かれた天保《てんぽう》年間まで）。」

◎**「世《よ》遺緒《いちょ》を承《う》け、恩澤《おんたく》に沐浴《もくよく》し、以て今日に至る。」**

「代々《だいだい》、威公や義公の遺《のこ》された事業を受け継ぎ、湯浴《ゆあ》みするように、その御恩《ごおん》にひたり、御蔭《おかげ》を蒙《こうむ》りまして、以て今日に至っております。」

【語釈】

(1)「世」――「よゝ」と読む。代々にわたっての意味。

(2)「遺緒《いちょ》」――「いしょ」とも読む。「先人の遺《のこ》した事業、遺業《いぎょう》」のことです。

(3)「恩澤《おんたく》」――御恩《ごおん》、恵み。

(4)「沐浴《もくよく》」――「沐《もく》」は主として首から上を洗うことで、「浴《よく》」は体を洗うことを意味しますが、両方合わせて「湯浴《ゆあ》みするように、お風呂の湯に浸《ひた》るように」と考えてよいでしょう。

◎「**則《すなわ》ち苟《いやしく》も臣子《しんし》たる者、**」

「こうしてみれば、わが水戸藩において、かりそめにも、臣下としてまた領民として、その御恩を受けた者すべてが、」

【語釈】

(1)「苟《いやしく》も」――かりそめにも、仮にも、まことに。

(2)「臣子《しんし》」――臣下の者。ここでは領民も含めて。

◎**「豈斯《あにこ》の道《みち》を推弘《すいこう》し、先徳《せんとく》を発揚《はつよう》する所以《ゆえん》を思《おも》はざるべけんや。」**

「どうして、この道を推《お》し弘め、先祖の徳を輝かし発展させることを思わないで居られましょうか。必ずそのような努力をすべきであります。」

**【語釈】**

(1)「豈《あに》」――どうして、何故に。

(2)「推弘《すいこう》」――推《お》し弘《ひろ》めること。

◎**「此れ則ち館《かん》の為《ため》に設《もう》けらるる所以《ゆえん》なり。」**

「これが即ち、弘道館が創設された目標・目的であり、理由であります。」

**【語釈】**

(1)「為《ため》に設《もう》けらるる」――この目標の為に、この館が設けられたのであります。

◆以上が、第三の質問「弘道の館、何の為に設くるや。」についての、詳しい解答でありました。

**続いて第四の質問が出て参ります。**

◉「**抑夫《そもそか》の 建御雷神《タケミカズチノカミ》 を祀《まつ》るは何ぞ。**」

「では、この弘道館という学校の一隅に鹿島神社《かしまじんじゃ》を建てて、建御雷神《タケミカズチノカミ》をお祀《まつ》りするのは、どう理由からでありましょうか。」

以下、その答えです。

◎「**其の天功《てんこう》を草昧《そうまい》に亮《たす》け、**」

「それは、日本というこの国を肇《はじ》められました時に、即ち神代《じんだい》において、建御雷神《タケミカズチノカミ》が天照大神《アマテラスオオミカミ》様の大業《たいぎょう》をお助けになり、」

**【語釈】**

(1)「天功《てんこう》」――天祖の大業、天照大神の大いなる事業・功績。

(2)「草昧《そうまい》」――国が未だ未開の時を言う。

◇これは「神話」に出て参ります。天照大神が、御孫の瓊瓊杵尊《ニニギノミコト》をこの大八洲国《おおやしまぐに》、即ち日本にお降《くだ》しになる前に、まだ服従しない多くの神々、中でも出雲《いずも》地方に強大な力を持っておりました大国主神《おおくにぬしのかみ》を説得する為に、何人かの神々を遣《つか》わされました。

しかし、いずれも大国主神の方へ寝返《ねがえ》ってしまったりして、使いとしての役目を果せませんでした。

そこで最後に、鹿島の大神即ち建御雷神が抜擢《ばってき》され、大国主神のもとへ遣わされました。建御雷神は堂々と大国主神に相対しましたので、大国主神はその武勇に敬服して抵抗せず、出雲地方の国土を天照大神に献上されました。これが「国《くに》譲《ゆず》りの物語」です。

◎**「威霊《いれい》を茲《こ》の土《ど》に留《とど》めたまへるを以て、」**

「その御霊《みたま》を、この土《ど》＝常陸国《ひたちのくに》にお留《とど》めになったので、即ち鹿島神宮の神様として、御鎮座《ちんざ》になっておりますので、」

**【語釈】**

(1)「威霊《いれい》」――御霊《みたま》、あらたかなる御威光《ごいこう》。

◎**「其の始《はじめ》を原《たず》ね、其の本《もと》に報《むく》い、」**

「この道の根原《こんげん》・由緒《ゆいしょ》をたずね明《あ》かし、先祖の御神徳《ごしんとく》と御恩《ごおん》に報い、」

**【語釈】**

(1)「原㆑始」(始《はじめ》を原《たず》ね)――『易経《えききょう》』に「原ネ㆑始ヲ反ル㆑終ニ」(始《はじめ》を原《たず》ね、終《おわり》に反《かえ》る)及び「原ネ㆑始ヲ要ム㆑終ヲ」(始《はじめ》を原《たず》ね、終《おわり》を要《もと》む)とある。
はじめをたずね、根原《こんげん》を推《お》し究《きわ》めること。

(2)「報㆑本」(本《もと》に報《むく》い)――『礼記《らいき》』には「報イ㆑本ニ反ル㆑始ニ」(本《もと》に報《むく》い始《はじめ》に反《かえ》る)とある。「ほうほんはんし」とも読む。先祖の恩に報いること。

◎**「民をして斯《こ》の道の繇《よ》りて来《きた》る所を知らしめんと欲《ほっ》するなり。」**

「人々に、この道のよって来る所は、遠く神代《かみよ》に起っているのである、ということを知らしめようと考えられたからであります。

日本の道が明らかになったのは、そして天皇の御威光《いこう》の前に、我々は謹《つつし》まなければならないということを教えられたのは、建御雷神《タケミカヅチノカミ》であるぞ。もし、天皇の御命令に従わないものがあれば、この建御雷神はそれを討伐されるのであるぞ、ということを知らしめようとするのであります。」

◇ところで、弘道館という学校に神様をお祭りするのに、どうして天照大神をお祭りせずに、建御雷神をお祭りすることになったのか、という点については、この『弘道館記』には述べられておりませんが、藤田東湖《ふじたとうこ》が著しました『弘道館記述義《じゅつぎ》』の中には詳しく解説されております。

次にその要旨を簡単に記しましょう。

「我が公（烈公）のお考えでは、神聖《しんせい》の大道《たいどう》というものは、天照大神に源《みなもと》を発しています。しかし大神《おおみかみ》をお祭りする伊勢《いせ》の大神宮《だいじんぐう》を、臣下の身分として勝手にお祭りすることは僭越《せんえつ》なことであり、御遠慮申し上げるべきであります。

そこで、天照大神の御事業をお助け申し上げたところの神、即ち建御雷神をお祭りし、以て《本《もと》に報《むく》いる》という義《ぎ》をこゝに籠《こ》めたならば、正しい姿になるでありましょう。とこのように考えられたのであります。」

以上が、藩校弘道館に「鹿島神社（建御雷神）」を勧請奉祭《かんじょうほうさい》するに至った事情のあらましです。

**◉次に、第五の質問です。「其の孔子《こうし》の廟《びょう》を営《いとな》むは何ぞ。」**

「では、弘道館の中に孔子の廟、聖廟《せいびょう》が設置されることになったのは、それはどういう意味からでありましょうか。」

**◎「唐虞三代《とうぐさんだい》の道《みち》、此《ここ》に折衷《せっちゅう》するを以《もっ》て、」**

「それは、唐虞三代の道――前に出てきました堯《ぎょう》・舜《しゅん》（唐虞）と夏《か》・殷《いん》・周《しゅう》（三代）というシナ（中国）古代の道について、孔子が極端《きょくたん》なところを捨《す》て、、中正《ちゅうせい》なところを集め採用統一されましたので、」

**【語釈】**

(1)「折衷《せっちゅう》」——「衷《ちゅう》」は「中《ちゅう》」で、中《なか》という意味。上・中・下の「中」に同じで、極端なところは捨てゝ、その中正なところを採用するのが「折衷」です。

◎**「其の徳《とく》を欽《うやま》ひ、其の教へを資《と》り、」**

「その孔子の徳を欽《うやま》い、敬慕《けいぼ》し、その教えを採用して、」

◎**「人をして斯《こ》の道の益《ます》益《ます》大《だい》、且《か》つ明《あきら》かなる所以《ゆえん》の偶然《ぐうぜん》ならざるを知らしめんと欲《ほっ》するなり。」**

「人々に対し、わが国固有の大道《たいどう》が、益々宏大《ますますこうだい》に、又、益々明らかになったということは、決して偶然なのではなく、孔子によって集大成され、中正なところに落ち着いたシナ古代の教え、儒教の教えを採用することによって、わが国の道が明らかになったのだ。孔子の御蔭《おかげ》なのだ。ということを知らしめたいと思って、こゝに孔子廟《こうしびょう》を建てたのであります。」

●さて、次からは、この館記の結論の部分に入ります。

◎「**嗚呼**《ああ》**、我が国中**《こくちゅう》**の士民**《しみん》**、夙夜解**《しゅくやおこた》**らず、斯**《こ》**の館**《かん》**に出入**《しゅつにゅう》**し、**」

「ああ、我が国中の士民＝水戸の士民が、朝から晩まで精神を集中して、この学校に出入し、」

**【語釈】**

(1)「夙夜《しゅくや》」――「夙」は朝早く、「夜」は夜遅く、早朝から夜遅くまで。

(2)「解《おこた》らず」――「解」は「忄りっしんべん」を付けた「懈」と同じ意味です。

「解」は分解の解。「忄」は「心」の意味ですから、心が集中せずに分解しているることを「懈《おこた》る」と言います。

◎「**神州**《しんしゅう》**の道**《みち》**を奉**《ほう》**じ、西土**《せいど》**の教**《おし》**へを資**《と》**り、**」

「日本固有の道を根本に掲げて、そして西方の国シナ（中国）の学問も、これを取り入れて、」

**【語釈】**

(1)
「神州《しんしゅう》」――神の国、天照大神によって国の秩序の根本が建てられ、その御子孫が大王《おおきみ》・天皇《すめらみこと》として国の中心となって治めてこられた国、即ち日本をさします。

(2)
「西土《せいど》」――広義には、日本から見て西の方にある外国を言いますが、具体的には「唐土《とうど》」とも称し、漢《かん》や隋《ずい》・唐《とう》などの王朝を総称した「シナ」（中国）をさします。

◇尚、「シナ」は、英語の「チャイナ（China）」などと同じ語源で、有名な「秦《シン》（Ch'in）」の王朝名がもとになっていると言われています。

古くから漢字では「支那《シナ》」の文字が当てられている為、差別用語などと非難する人もありますが、本来はそういう差別的な意味は含まれておりません。

昔、明国福建省《みんこくふっけんしょう》の出身で、有名な隠元禅師《いんげんぜんじ》の弟子となり、二十九歳の時に禅師の招きで来日し、のち宇治《うじ》の黄檗山万福寺《おうばくさんまんぷくじ》の第五代住持《じゅうじ》となった高泉性潡《こうせんしょうとん》（一六三三～九五）という禅僧は、『扶桑禅林僧宝伝《ふそうぜんりんそうほうでん》』の自序の中で、

「……翼《ねがわ》くは支那に流通《るつう》せしめんことを。」

と記し、また『扶桑禅林僧宝伝《ふそうぜんりんそうほうでん》を進《すす》むるの表《ひょう》』に於ても、

「………略々《ほぼ》御覧《ごらん》を賜《たま》ひ、而《しか》る後《のち》国内に頒行《はんぎょう》し、以て支那に至流《しりゅう》し、伝へて他邦《たほう》に及ばば………」

と、シナ＝明国《みんこく》出身の僧侶が、「支那」という名称を堂々と使用しております。

一方、「中国」という言葉は、前にも「蛮夷戎狄《ばんいじゅうてき》」の語釈のところで解説しましたが（26頁）、自国を世界の中心におき、周囲の国や民族を東夷《とうい》・西戎《せいじゅう》・南蛮《なんばん》・北狄《ほくてき》と称して未開《みかい》・野蛮《やばん》とみなす「中華《ちゅうか》・中国《ちゅうごく》」思想から来ています。

しかも彼《か》の国《くに》四千年の長い歴史の中で、「中国」という王朝や国名は皆無《かいむ》です。「中華民国」や「中華人民共和国」の略称が「中国」なのではありません。

従って、それぞれの時代や王朝については、漢とか隋・唐と称すれば良いのですが、時代や地域を限定せずに総称する時には、歴史的に見て「シナ」と称するのが相応《ふさわ》しいということになります。

本書に於ては、以上の理由によって原則的には「シナ」と表記し、外国に対する敬意の意味で（中国）と併記しています。

◎**「忠孝《ちゅうこう》二《に》无《な》く、文武《ぶんぶ》岐《わか》れず、」**

「忠と孝というものは、其の名は二つあるけれども、その実は一つであります。また文と武とは、二つに岐《わか》れてはなりません。」

**【語釈】**

(1)「忠孝《ちゅうこう》二无《な》く」——「无《む》」は「無《む》」と同じ意味。

この「忠孝无《ちゅうこうむ》レ二《に》」について、藤田東湖は『弘道館記述義』の中で、「朝夕、君《きみ》に直接お仕えすることだけが忠なのではない。それぞれの立場において、親に誠《まこと》を尽《つ》くし、また人としての人倫《じんりん》道徳を正しく踏み行なうことが、実は大忠《だいちゅう》なのである。」(筆者、現代語要約)と、具体的に解説し、「忠孝」は人々の身近にあるということを、わかり易《やす》く教えられております。

(2)「文武岐《わか》れず」——「文武不岐《ぶんぶふき》」です。

「文」のみに偏《かたよ》れば軟弱《なんじゃく》となり、〈いざ〉という時に物の役に立ちません。一方、「武」にのみ力を入れ、学問を怠《おこた》れば、正邪《せいじゃ》の判断ができず、粗暴《そぼう》な蛮勇《ばんゆう》や暴力となってしまいます。それは真の武道とは言えないことになります。
「文武不岐」は、水戸藩において最も力を入れたところでありました。

◎**「学問事業《がくもんじぎょう》、其の效《こう》を殊《こと》にせず。」**

「学問と事業とは、其の〈效《こう》〉、働きを別個に分けて考えてはなりません。」

**【語釈】**

(1)「学問事業《がくもんじぎょう》………」――藤田東湖は『弘道館記述義』の中で、

「学というのは、道を学ぶことを言い、問というのは、道を問うことを言う。事業というのは、その講究した道を実地に行なうという意味である。」と解説されています。(現代語要約)

即ち、学問によって基礎付けられない事業は、きわめて危険であり、逆に事業に施《ほどこ》し得《え》ない学問は、無力であるということであります。学問と事業とが、一つの精神によって貫かれていなければならない、ということでありますが、これは非常な努力を必要とするところであります。

◎「**神**《かみ》**を敬**《うやま》**ひ儒**《じゅ》**を崇**《とうと》**び、偏党有**《へんとうあ》**る無**《な》**く、**」

「神を敬《うやま》う心と、儒教を崇《とうと》ぶ心とは、どちらも偏《かたよ》ってはならない。」

◇**藤田東湖は『弘道館記述義』の中で、次のように解説しています。**

「しばしば〈偏党有《へんとう》る無く〉という言葉について、神道か、儒教の一方に偏《かたよ》らないと解釈しがちであるが、この場合は、そうではなく、怪《あや》しげな説を立てるような弊害《へいがい》になずむことなく、神道に対する正しい心を育てるということであり、また儒教が興《おこ》ったシナは聖人の国で尊く、日本は小さな野蛮国だというような、偏《へん》屈《くつ》した考え方を矯正《きょうせい》し、儒教の教えを正しく資り入れるということが肝要《かんよう》である。

従って、〈偏党有る無く〉というのは、両者をそれぞれ信じ、しかもその根本を把握《はあく》して、誤った弊害に陥《おちい》らないことであり、どちらも信ぜず超然《ちょうぜん》とし、或は無関心でいるのは、〈偏党なし〉とは言えないのである。」（現代語要約）

◎「**衆思**《しゅうし》**を集め、群力**《ぐんりょく》**を宣べ、**」

「みんなの考えを集め、総ての人の力を伸ばして、」

◎**「以て国家無窮《むきゅう》の恩《おん》に報いなば、」**

「それによって、窮《きわ》まりなき国家の御恩に報いることが出来るならば、」

◎**「則ち豈徒《あにただ》に祖宗《そそう》の　志《こころざし》墜《お》ちざるのみならんや。」**

「そうなれば、どうしてただ単に、水戸藩の先祖である威公《いこう》（頼房）や義公《ぎこう》（光圀）の高い志が墜《お》ちないという事だけに留《とど》まりましょうか。」

◎**「神皇在天《じんのうざいてん》の霊《れい》も、亦将《またまさ》に降鑒《こうかん》したまはんとす。」**

「神々や神武天皇をはじめとする御歴代天皇の天にましますみ御霊《たま》も、亦、これをよしとして、ご覧になることでありましょう。」

**【語釈】**

(1)「降鑒《こうかん》」――神霊《しんれい》が、天から人間界のことを見守ること。

◉いよいよ最後の質問であると同時に、弘道館創設責任者の宣言であります。

◎**「斯《こ》の館《かん》を設《もう》けて、以て其の治教《ちきょう》を統《す》ぶる者《もの》は誰《たれ》ぞ。」**

「この弘道館という学校を設立して学長となり、全責任を持って、その政治文教を統率する者は、誰でありましょうか。」

◎**「権中納言《ごんちゅうなごん》従三位《じゅさんみ》　源《みなもとの》　朝臣《あそん》斉昭《なりあき》なり。」**

「学長として責任を持つ者は、朝臣《ちょうしん》として権中納言従三位に任ぜられておる徳川斉昭であるぞ。」

**【語釈】**

(1)「権中納言従三位《ごんちゅうなごんじゅさんみ》」——朝廷から叙任《じょにん》された官職が「権中納言」。武家の場合は定員外という取り決めがあり、「権《ごん》」の字が冠《かん》せられました。尚、水戸家の極官《ごっかん》（最高の官）は、「権中納言」です。従三位《じゅさんみ》は位階《いかい》です。

(2)「源　朝臣《みなもとのあそん》」——徳川氏は、源氏の新田《にった》氏の子孫という伝承がありますので、源《みなもと》を氏《うじ》の本姓としました。従って、斉昭は天皇の臣下として、朝廷の官職位階を自分の名前に冠《かん》するにあたって、「源朝臣《みなもとのあそん》」と本姓の署名をしたわけです。

◎**「天保《てんぽう》九年　歳次《さいじ》戊戌《ぼじゅつ》《としはつちのえいぬにやどる》　春三月　斉昭撰文《なりあきせんぶん》并《ならびに》書《しょ》　篆額《てんがく》」**

「天保九年（一八三八）の戊《つちのえ》戌《いぬ》年の春三月、この斉昭が自身で館記の文を撰《つく》って、更に、文の上部に篆書《てんしょ》で『弘道館記』と題額《だいがく》を書きました。」

# 第三章　藩校弘道館の創設と『弘道館記』の撰文

## 一、藩校弘道館の創設と烈公徳川斉昭

水戸藩校弘道館の創設者は、九代藩主の烈公《れっこう》徳川斉昭《なりあき》です。烈公は、水戸七代藩主武公治紀《ぶこうはるとし》の三男として、寛政十二年（一八〇〇）三月十一日（新暦四月四日）に、江戸小石川の藩邸上屋敷《かみやしき》で生まれました。幼名は敬三郎《けいさぶろう》、諱《いみな》（本名）は初め紀教《のりたか》、のち斉昭《なりあき》。景山《けいざん》・潜龍閣《せんりょうかく》と号し、亡くなった後の諡《おくりな》が烈公《れっこう》です。（以下、本書では「烈公」と書きます。）

三男に生れた烈公は、どこへも養子に行かず、三十歳になるまで部屋住《へやず》み（一種の居候《いそうろう》）でおりましたが、文政十二年（一八二九）十月に、兄である八代藩主斉脩《なりのぶ》（哀公《あいこう》）が、三十三歳の若さで病気で亡くなり、後継《あとつ》ぎの子がいなかったため、後継

者の人選をめぐって複雑な問題もありましたが、藤田東湖や会沢正志斎らの命懸けの奔走《ほんそう》と、哀公の遺書によって、弟の敬三郎、即ち烈公が後継ぎに決まり、第九代水戸藩主に就任しました。

翌年、天保《てんぽう》元年（一八三〇）と改元。烈公は強い決意のもとに藩政の改革に乗り出しました。「水戸藩天保の改革」の始まりでした。

改革施策は、領内の検地《けんち》、家臣の地方土着《どちゃく》、学校の建設、江戸と水戸との家臣の交替、海防施設の充実などから、更には神武天皇御陵《ごりょう》の修復建白及び蝦夷地《えぞち》開拓計画などにまで広がって行きました。その目指すところは「天下の魁《さきがけ》」でありましたが、中でも特に注目され、実現を見たものは、学校の建設＝藩校弘道館の創設でした。

**【弘道館創設の理念】**

十九世紀前半頃から、ロシアやイギリスなどの外国勢力が、我が国に迫りつゝある重大な時期に、世の中は太平《たいへい》になれ、腐敗堕落《ふはいだらく》の風潮が蔓延《まんえん》している。この弊害《へいがい》を打破し、日本という国家の独立を護ると共に、将来への発展を期するために、まず第一に着手しなければならないのは、優秀な人材、真の日本人の育成である。
その為には、これまでの幕府や諸藩が設置してきた学校とは、全く違った構想で創設すべきである。

という自覚と高い理想に基づくものでありました。

ところで、藩校創設の年代、時期という点から見るならば、水戸の藩校弘道館の創立は天保十二年（一八四一）ですから、かなり遅い時期に属することになります。

例えば、有名な諸藩校の創立年代を書き出してみますと（年代順、上段→下段）、

◇岡山の花畠《はなばたけ》教場＝一六四一年　◇福岡の修猷館《しゅうゆうかん》＝一七八四年
◇佐賀の弘道館《こうどうかん》＝一七〇六年　◇福山の弘道館《こうどうかん》＝一七八六年
◇萩の明倫館《めいりんかん》＝一七一九年　◇秋田の明徳館《めいとくかん》＝一七八九年
◇熊本の時習館《じしゅうかん》＝一七五五年　◇金沢の明倫堂《めいりんどう》＝一七九二年
◇鹿児島の造士館《ぞうしかん》＝一七七三年　◇会津の日新館《にっしんかん》＝一七九九年
◇米沢の興譲館《こうじょうかん》＝一七七六年　◇彦根の弘道館《こうどうかん》＝一七九九年

という情況でした。「弘道館」は水戸藩以外にも、既に三藩に設置されています。

## 【学校創設の構想目標】

烈公側近の藤田東湖は、学校創設の目標を次のように高らかに掲げました。

彼の自叙伝、『回天詩史《かいてんしし》』の「邦家《ほうか》の隆替《りゅうたい》偶然《ぐうぜん》に非《あら》ず」の項に於ては、

▽「**三千載《さんぜんさい》未《いま》だ嘗《かつ》てこれ有《あ》らざる学校を建つ。**」

と言い、「弘道館創設に関する意見書（天保十年頃）」（『東湖先生の半面』――一名東湖書簡集』所収、以下『東湖先生の半面』と書す）では、

▽「学問は人の人たるを学び候道《みち》にて御座候段《ござそうろうだん》、申し上ぐるにも及ばず候処、学問と申候《もうしそうら》へば、何歟《なにか》一藝《いちげい》の様相成《ようあいなり》候儀、嘆《なげかわしき》敷儀《ぎ》に御座候。**此度《このたび》の学校は天下一に遊《あそ》ばされず候ては、御建立《ごこんりゅう》の甲斐《かい》も御座無く候間、**何とぞ学問事業一致に遊ばされ候様、至願《しがん》に堪《た》へず候。」（一部漢文）

▽「文盲無藝《もんもうむげい》の士《し》は一人も之《こ》れ無き様仕度事《ようつかまつりたきこと》に御座候。」（同右）

と、日本の歴史始まって以来、未だ嘗《かつ》て無かったような素晴らしい学校を建てたい。従って、「**天下一**となるような学校でなければ、創設建立する意味もありません。」と大変な意気込みを語っています。勿論それは烈公の理想でもあったと思われます。

## 【建設の経過　①】

烈公が「建学の議」を藩の重役達に下付し、学校創設の意向を正式に表明されたのは、天保五年（一八三四）十二月頃であったといいます。残念なことにその時の烈公の手書《しゅしょ》は残って居りません。『水戸藩史料』に於ても「公の手書は今逸《いつ》したれども」と記されています。尚この時、烈公自身作成の「学校絵図」も示されたといいます。

これを受けた家老の藤田貞正《さだまさ》（通称は将監《しょうげん》・主書《しゅしょ》、号は北郭《ほっかく》。藤田幽谷や東湖の家とは無縁）らは、目下藩の経済は困窮していること。諸藩の学校はすでに経営されているので、羨《うらや》んで建てるようで面白くないこと。一方、建てるというならば、義公時代に朱舜水《しゅしゅんすい》が、孔子を祀る大成殿《たいせいでん》の雛形《ひながた》を作っているので、それを本にして建立すべきこと。等々の意見を申し立てました。（『水戸藩史料』別記下・巻十七）

これに対し烈公は、経済の面から学校創立を急ぐべきではない、と言うのは一理あるように見えるが、他方で「実用を旨とせよ」とか言いながら、金のかかる大成殿を模倣するなどと主張するのは、矛盾も甚だしいではないか、との手書を書いて江戸の家老達にも意見を求められました。（同　右）

しかし、江戸の家老達も学校創立には冷淡で、水戸家老の藤田貞正と同じ考えであったと言います。

これに反して、江戸通事《つうじ》（藩主の側近、のちの小姓頭取《こしょうとうどり》）の藤田東湖や青山延于《のぶゆき》、彰考館総裁会沢正志斎《せいしさい》達は、烈公の建設計画に賛成しておりました。

翌天保六年に至って、水戸の家老達から学校職員の人選が、烈公の元へ上呈されて来ましたが、その内容は所謂《いわゆる》保守派偏向《へんこう》の選考でした。

そこで烈公は、思い切った人事刷新の必要性を痛感し、六月二十六日に藤田東湖を御用調役《ごようしらべやく》に、八月六日に戸田忠敞《ただあきら》を側用人《そばようにん》見習にそれぞれ任じて、新進の人材による諸事の振興と、学校建設の準備に着手させたのでありました。

ところで、学校建設の費用については、烈公は青山延于宛の書簡（天保九年頃か）の中で、すでに準備がなされていることを伝えております。

「学校建立可レ致金子《いたすべききんす》は、外《ほか》に備有レ之事《そなえこれあること》にて、何《なに》も家中《かちゅう》より取上候金子《とりあげそうろうきんす》にて出来候事には無レ之《これなく》、皆手元金《てもときん》の貯《たくわえ》のみにて出来候事故《ゆえ》、………」（同右）

右の所謂「手元金」の財源については、歴代藩主によって諸費の節約がなされ、代々伝えられて来た貯蓄金もあったと推定されますが、烈公の場合には、別途次のような財源確保に恵まれたことがありました。それは、かねてから藩財政の逼迫《ひっぱく》の事情を幕府に申し立てておりましたところ、これに対応して、幕府から、天保六年より向う五年間にわたって、毎年五千両ずつ助成金が下付されることになったことです。

これについて、藩校弘道館に学んだ最後の学生であった名越漠然《なごやばくぜん》（時孝《ときたか》）氏は、その著『水戸弘道館大観』の中で、

「若し此の金を政府の役人にでも任せやうものなら、無論財政困難の所だから皆烟《けむり》のやうに政費に消散《しょうさん》されてしまふ所だが、そこが烈公だから此の金を空しく消靡《しょうひ》させるやうな事はなさらない。則ち之を別途に積立て、御手元金として巧《たく》みに運用されたのである。

公が財政困難なる貧弱の水戸に於て、而《しか》も他の豊富なる大諸侯よりも遥かに超越した大事業を成功されたのは、則ち此の金を巧みに運用されたからである。」

と解説されています。烈公が青山延于に対し「外に備有レ之事にて、」といい、また、「手元金の貯のみにて」と語った意味が、これで了解することができます。

こうして学校建設の実現へ向けて、大きく一歩踏み出そうという時期を迎えました。

ところが、翌七年（一八三六）秋からはじまった凶作《きょうさく》、則ち天保《てんぽう》の大飢饉《だいききん》に対して、藩主烈公をはじめ上下一致協力して救済事業に取り組んだ為に、学校建設の計画も中断されるという不幸に見舞われました。

しかし、そういう情況の中でも烈公の決意は持続され、「学校御碑文」の起草に取り掛かってゆきました。

## 二、『弘道館記』の起草と記碑の建立

弘道館の建学の精神と、教育方針を明示したものが、本書のはじめに解説しました「学校御碑文」、即ち『弘道館記』でありました。

烈公は、天保七年頃に、彰考館総裁の会沢正志斎に記文の起草を内命しましたが、正志斎は、何かよんどころない事情があったらしく、起草を辞退をしたと伝えられています。（名越漠然著『水戸弘道館大観』）

## 【藤田東湖『弘道館記』を起草】

会沢正志斎が記文の起草を辞退した為、烈公は、翌天保八年（一八三七）六月十日に改めて藤田東湖を召され、急ぎ「学校御碑文」を起草せよと命ぜられました。

その際、烈公は、嘗《かつ》て自ら建学の主旨を和文（かながき）で書き、菊池善左衛門《きくちぜんざえもん》寛《ひろし》（東湖は、雷公《らいこう》と呼んでいる）に漢訳させておいたものを示されたということです。命《めい》を承《う》けた藤田東湖は、非常の決意をもって「学校御碑文」の起草に取り掛かることになります。

藤田東湖は、水戸藩士藤田幽谷《ふじたゆうこく》（次郎左衛門一正《かずまさ》・一七七四〜一八二六）の次男として、文化三年（一八〇六）三月十六日、水戸城の西、梅香《ばいこう》の屋敷に生まれました。幼名は武次郎《たけじろう》、本名は彪《たけき》、字《あざな》は斌卿《ひんけい》、通称は虎之介《とらのすけ》のちに誠之進《せいのしん》。号は初め不息斎《ふそくさい》、天保末年頃から「東湖《とうこ》」と号しました。

父幽谷は、商家「藤田屋《ふじたや》」の次男に生まれましたが、幼少から大変な秀才で、十五歳の時に水戸藩に召し出され、大日本史編纂の史館である彰考館《しょうこうかん》に入って史館小僧《しかんこぞう》となり、やがて武士に取り立てられて彰考館編修《へんしゅう》から総裁、郡奉行《こおりぶぎょう》などの要職を勤めるようになります。その間、青少年教育の重要さを認識し、家塾「青藍舎《せいらんしゃ》」を開設して、のちに活躍する会沢正志斎や豊田天功《てんこう》などの優れた人物を育成しました。

東湖は次男でしたが、長男が夭折《ようせつ》しておりましたので、父幽谷は、一子東湖を藤田家の後継ぎとして、また日本の将来を背負って立つべき人物として成長することを願い、心をこめて教育しました。

文政九年（一八二六）十二月一日、父幽谷は病気のために五十三歳で急逝し、翌年正月二十六日、水戸藩庁から家督相続を認められて二百石を支給され、進物番《しんもつばん》兼史館編修を命ぜられました。時に東湖は二十二歳でした。

やがて文政十二年（一八二九）正月、東湖は二十四歳になり、父幽谷の三年の喪《も》も明けました。同年十月には、前述しましたように、八代藩主哀公斉脩《あいこうなりのぶ》の後継者問題が起こりましたが、東湖は同志と共に、哀公の弟敬三郎《けいさぶろう》の家督相続を実現するために、命がけの行動を起こし、哀公の逝去後、敬三郎の相続が幕府から認められ、水戸九代藩主に就任、徳川斉昭（諡は烈公）と名乗ることになりました。

これより東湖は烈公の片腕として、精力的に活動を開始して行くことになります。

天保元年（一八三〇）四月、領内八田《はった》郡（現那珂郡大宮町八田）の郡《こおり》奉行に任ぜられて農村政治を担当し、二年後の天保三年（二十七歳）には、定江戸通事《じょうえどつうじ》（藩主の側近）を命ぜられ、家族と共に江戸に移り住むことになりました。同時に義公時代に編修された『神道集成《しんとうしゅうせい》』の改訂と神書取調《しんしょとりしらべ》の仕事を命ぜられ、以後天保六年（三十歳）に御用調役《ごようしらべやく》に転任するまでの約二年半ほどの間は、神道の研究に力を注ぎました。

この神道に関する研究の成果は、のちの『弘道館記』の起草や、『弘道館記述義《じゅつぎ》』の執筆の際に、大きく役立って行くことになります。

そして、天保八年（一八三七）六月十日に、東湖は「学校御碑文」を起草せよとの命を、烈公から受けたのでありました。

起草の経過情況を、東湖が記した「丁酉日録《ていゆうにちろく》（天保八年）」（『新定東湖全集』所収）の記事によって見てみますと、

○六月十日　「御意学校御碑文を命ぜらる」
○六月二十日「家居学校の碑を草す」
○七月二日　「是夜弘道館記を草し又御原稿の評を草す」

○七月三日　「学校御碑文を奉り御直《おんじき》に申上る」

と記されておりますので、七月初めには一応の成稿をみたと考えられます。

「弘道館」の名称の正式決定の時期は明確ではありませんが、右の「丁酉日録」の七月二日の記事に「弘道館記を草し」と書かれておりますので、すでに天保八年夏頃には、藩校の名称も「弘道館」と決まっていたと思われます。

ただ館記文も、暫らくの間は「学校御碑文」と称されることが多かったようです。

先に述べたように、東湖は「非常の決意をもって」起草に取り掛かったのでしたが、その目指すところを、天保八年九月二十八日付け「会沢伯民《はくみん》に與《あた》へし書」の中で次のように披瀝《ひれき》しています。

「(この学校御碑文は) 神州《しんしゅう》の一大文字にも相成《あいな》るべき儀、………何分宜《なにぶんよろ》しく御《ご》添削仰《てんさくおお》せ上《あ》げられ下さるべく候。

何卒《なにとぞ》右御成就《ごじょうじゅ》之上、東藩《とうはん》学術の眼目《がんもく》に仕《つかまつ》り、推《おし》て天下に及び神州左衽《しんしゅうさじん》の憂《うれい》、之れ無《な》き様《よう》仕度《つかまつりたく》、日夜の志願《しがん》に御座候。」

と、日本の一大文字、水戸藩学術の眼目となるような館記を作り、ひいては、それを天下に弘め、「神州左衽《しんしゅうさじん》の憂《うれい》、之《こ》れ無《な》き様」――着物の衽《えり》（衿）を左前《ひだりまえ》に着る外国に、日本が侵略支配されるような危険性を取り除きたい。そういう熱い志《こころざし》と願いをもって、この碑文の作成にあたっています。従って、貴殿による添削の件もどうぞ宜敷くお願いします、と言うことでありました。

## 【館記草案の校訂】

「学校御碑文」は以下『弘道館記』と書すことにしますが、藤田東湖が起草した草案は、藩内外の学者に見せて意見を聞くことになりました。

烈公の考えでは、まず彰考館の学者に諮問し、最後に幕府の儒者佐藤一斎《じゅしゃさとういっさい》にみせて検討してもらう、という予定でありましたが、東湖はこれに反対し、「一番跡《あと》で一斎《いっさい》へ御示し遊ばされ候ては、決《けつ》を一斎に取《とり》候様罷成《まかりなり》、宜《よろ》しからず候」と、最後に一斎に諮問《しもん》することになると、一斎が決裁した形となり、藩の面目《めんもく》にも関わることであるから宜しくないと意見を述べました。（「会沢伯民《はくみん》に與《あた》へし書」）

そこで烈公も順序をかえ、まず第一に佐藤一斎へ、その後、会沢正志斎（恒蔵《つねぞう》）と青山雲龍（量介《りょうすけ》）の意見を徴《ちょう》し、その上で烈公が裁定されるということになりました。

『水戸藩史料』（別記下・巻十七）には、その草案の文章中、二十項目について、上記の三者が修正意見を出し、それに対する烈公の裁決がなされている様子が細かに記録されております。

ここでは、その一例だけを紹介しておきましょう。

◇草案「至レ若二所謂唐虞三代之治教一」（所謂唐虞三代の治教の若きに至りては）

恒蔵《つねぞう》（会沢正志斎）――「乃若唐虞三代治教」

捨蔵《すてぞう》（佐藤一斎）――「至夫西土唐虞三代之治與教」

量介《りょうすけ》（青山雲龍）――「至夫西土唐虞三代之治與周孔之教」

「烈公の裁決」――「今、三説に因りて、**乃若西土唐虞三代之治教**トセリ」との検討がなされ、碑文には「乃若二西土唐虞三代之治教一」（乃《すなわ》ち西土《せいど》唐虞《とうぐ》三代の治《ち》教《きょう》の若《ごと》き）という文章が刻まれました。

この様に、『弘道館記』は烈公と藤田東湖との意見を織り混ぜて、東湖が起草し、烈公の承認を経た上で三学者の意見を徴し、更に修正を加えたのちに完成され、天保九年（一八三八）三月に、徳川斉昭の名で正式に発表されたのでありました。

　では全文が、その正式発表通りに石碑に刻まれ、現存の碑文となったのかと言いますと、必ずしもそうではありませんでした。

　加藤虎《かとうとら》之《の》亮《すけ》氏は、『弘道館記述義《じゅつぎ》小解《しょうかい》』（昭和三年・文明社刊）の中で、「天保九年四月伝写の記文」と「石刻文」とを比較対照されております。

| 〔伝写文〕 | 〔石刻文〕 |
| --- | --- |
| 賛皇化……………… | 賛皇猷 |
| 抑祀建御雷神者何………… | 抑夫祀建御雷神者何 |
| 使民知斯道之所由来………… | 使民知斯道之所繇来 |
| 又祀孔宣父者何………… | 其營孔子廟者何 |
| 使人知斯道之益大且明不偶然也…… | 使人知斯道之所以益大且明不偶然也 |
| 忠孝一本………… | 忠孝無二（実際には旡と刻まれている。） |
| 無偏無黨………… | 無有偏黨 |

右の其營孔子廟者何の「營」の字は、烈公が苦心の余り、夢の中で得たものであ

ると伝えられています。（『水戸弘道館大観』・『弘道館記述義小解』）

「烈公が苦心の余り」というのは、どんなことだったのでしょうか。実は「記碑建立」のことと重大な関わりがあったのです。

**【『弘道館記』碑の建立】**

この『弘道館記』碑の石材は、久慈《くじ》郡と多賀《たが》郡にまたがる真弓山《まゆみさん》から切りだされた寒水石《かんすいせき》（大理石）が用いられました。

碑石の大きさは、高さ十尺五寸（約三一八cm）、幅六尺三寸（約一九一cm）、厚さ一尺八寸（約五五cm）。又、台座となる附石は、高さ二尺（約六一cm）、幅五尺（約一五一cm）、長さ十尺（約三〇三cm）という、まさに巨大石材でした。

当初、この巨大な寒水石の真弓山からの採掘には、大きな障害がありました。それは、真弓山から寒水石を切り出すと、山神《やまのかみ》の祟《たた》りがあり、現に病気に罹《かか》った者もいるということで、土地の人達が強く反対をしたと言います。（『水戸弘道館大観』など）

そこで烈公は、普請奉行《ふしんぶぎょう》岡田佐次衛門《さじえもん》に対し、

○ **武士《もののふ》の道弘《みちひろ》めんと引石《ひくいし》をまゆみのかみ《真弓の神》のいかでとがめん**　（花押）

という和歌を扇面《せんめん》に揮毫《きごう》して与えました。

岡田佐次衛門は、早速現地に飛び、懸《かか》り御用人《ごようにん》太田十郎左衛門に烈公の尊慮を伝え、扇面を真弓権現《まゆみごんげん》の社前に掲げて、工人達を説得し採掘にかかったとのことでした。

巨大な寒水石は大変な苦労の末に、真弓山から弘道館の敷地まで搬送されて来て、石に磨きがかけられ、彫刻が開始されました。

石碑建立の経過について、小泉芳敏氏（元弘道館事務所長・故人）の論考「弘道館記及館記碑作成の経緯」（『水戸史学』第四号・昭和51年3月）によりますと、

石工は那珂湊の大内石了《せきりょう》（利兵衛）と子息の大内石可《せきか》が担当。

碑面の篆額《てんがく》の「龍の絵」は、立原杏所《たちはらきょうしょ》（任太郎《じんたろう》・任《にん?》）が描画。

ということで、「関係者一同、夜を日に徹した努力」によって、記碑は出来上がり、中村金三郎に命じて拓本《たくほん》（石摺《いしず》り）を作成させました。

ところが、そこで大問題が持ち上がったのだそうです。

碑文の中に「又配二孔宣父《こうせんぷ》一者何」（「又孔宣父を配《はい》する者は何《なん》ぞ。」）、前記の加藤虎之亮氏の比較表では「配」が「祀」となっています。）という字句があり、簡単に言えば「日本人が外国人である孔子に膝《ひざ》まづく」ということになってしまう。このような字句が碑文中にあるのは納得出来ない、ということで学者間でも大問題になりました。

　さすがの烈公も苦悩しました。その苦慮苦悩の末、（天保十一年）九月十日の夜に、夢の中で「營」という字を見つけ出されたということです。

　そこで、館記の記文を再検討して、「其營二孔子廟一者何」をはじめ、前記比較表の「石刻文」に○印の付されている部分を改訂することになりました。しかし石碑は出来上がっておりましたので、碑面を一段けずり、磨《みがき》き直して彫刻をやり直しました。

　前記小泉氏の論考によりますと、この時、石工の大内石了と画家の立原杏所はすでに亡くなっておりましたので、烈公は改めて萩谷僊喬《はぎのやせんきょう》（八介《やすけ》・徹《とおる》）に龍を画かせ、石工潮田蟠龍《うしおだはんりょう》（巧蔵《こうぞう》）に彫刻を命じて、出来上がったものが現在の「弘道館記碑」であるということです。表《おもて》には出てこない所で、色々な苦労話があったわけですね。

ところで、寒水石は磨くと雪のように白く、光沢のある美材ですが、大理石ですから風雨に曝《さら》すと次第に浸食されるという問題があります。そこで碑石を格納する堂舎を造って安置されることになりました。堂舎は、高さ二丈《じょう》七尺《しゃく》五寸《すん》（約八三三cm）、周囲六丈四尺（約一九三九cm）、銅瓦《どうがわら》で屋根を造り、小石川後楽園《こうらくえん》内の八卦堂《はっけどう》にならって八角形に造成され、同じく「八卦堂」と呼ばれました。建設工事は、水戸吉田の棟梁《とうりょう》喜三郎が担当しました。

自然界・人事界百般の現象を象徴する易《えき》の八卦《はっけ》（乾《けん》・兌《だ》・離《り》・震《しん》・巽《そん》・坎《かん》・艮《ごん》・坤《こん》）の［☰や☷］を八角面の軒下に配置し、堂内には万古不動《ばんこふどう》の日本の道を説いた『弘道館記』の巨大石碑が据《す》えられているという、烈公の見事な心くばりがうかがえます。一連の建碑工事は、天保十二年（一八四一）に竣工しました。

建碑費用は当時のお金で、「九百三十一両《りょう》と銀十二匁《もんめ》九厘《りん》」であったといいます。

この碑石が出来た当時、烈公は工人に命じて拓本（石摺《いしず》り）を数十枚作成させましたが、石碑から直接に幾枚も打摺《だしゅう》すると摩滅《まめつ》する恐れがあるので、別に同寸法の木版を作らせて打摺し、紙も碑石大の特製紙を漉《す》きだして、接合しないで一枚摺りを可能にしたということです。（『水戸弘道館大観』）

この『弘道館記』の墨拓《ぼくたく》は、京都の智恩院宮尊超《ちおんいんのみやそんちょう》法親王（烈公夫人登美宮《とみのみや》の兄君）や幕府へも呈進され、其の他親戚知己への寄進、有志の所望に応じた頒布《はんぷ》もかなりの数にのぼり、それによって「弘道館建学の精神」は全国に知れ渡って行ったとも言えます。尚、墨拓（黒）の他に、朱拓《しゅたく》（朱色）も作成されました。

『水戸弘道館大観』には、藤田東湖が「弘道館記」について、

「此の文を読む者が京都の人ならば必ず感格《かんかく》する所がある。所が関東にては何となく面白くないやうな感を起すだらう。そこが王覇《おうは》の辨《べん》、已《や》むを得《え》ぬ所である。」

と言われたと、記されています。東湖ならではの感想でしょうね。

尚、『弘道館記』を解説詳述したものには、藤田東湖の『弘道館記述義《じゅつぎ》』、会沢正志斎の『退食間話《たいしょくかんわ》』がありますが、本書では説明を省略します。

○

ところで、「弘道館記碑石」には、実は古式《こしき》に則《のっと》った文章の書き方で、文字が刻まれておりますので、それを簡単にご紹介しておきましょう。

◎「擡頭《たいとう》」（抬頭）――最高の敬意を表す語句（神聖《しんせい》・寶祚《ほうそ》・聖子神孫《せいししんそん》・神皇《じんのう》など）は、文の途中であっても改行し、一字分を上に突出させて、表記します。

◎「平出《へいしゅつ》」――右に次いで敬意を表す語句（東照宮《とうしょうぐう》・日本武尊《やまとたけるのみこと》・建御雷神《タケミカヅチノカミ》など）は、文の途中であっても改行します。ただし、突出はしません。

◎「闕字《けつじ》」――表敬第三位にあたる語句（威公《いこう》・義公《ぎこう》・国家《こっか》・先徳《せんとく》・神州《しんしゅう》など）は、一字〜二字、字間を空けます。

『弘道館記』に記された建学の理念・目標は、第一章と第二章を熟読して下されば理解して頂けると思いますが、ここでもう一度、ごく簡単に要約してみましょう。

一、「弘道《こうどう》とは何ぞ。人能《よ》く道を弘《ひろ》むるなり。」人の歩むべき道（道義・道徳）を弘めるものは人である。人は人としての正しい道を学び、これを弘める努力をしなければなりません。

二、日本の道は「神皇《じんのう》の道」であります。御歴代天皇も国民もこの道を一貫して守ってきました。長いわが国の歴史に、栄枯盛衰《えいこせいすい》はあっても断絶がないのは、非常逆境の時に非常の人物が出て、この道を死守《ししゅ》して来たからであります。従って、国民はこの恩《おん》に感謝し、この恩に報《むく》いなければならないのです。

三、この恩に報いるためには、日本の道を実践するとともに、外国の教えでも良いものは採り、「忠孝二《に》无《な》く、文武岐《わか》れず、学問事業其の效《こう》を殊《こと》にせず。」、神々を敬《うやま》い、儒教を崇《とうと》び、誤った考えに偏執《へんしゅう》することなく、衆思《しゅうし》を集め群力を宣《の》べなければなりません。それには、この弘道館において日夜怠《おこた》らず努力する必要があります。

以上が、『弘道館記』の要点であり、言い換えれば「水戸学」の根本精神を示したものであると、理解することが出来ましょう。

## 三、「弘道館」開館に向けて

### 【建設の経過 ②】

天保七年・八年と襲った天保の大飢饉に続いて、同九年もまた凶作でしたが、烈公は、「一人の餓死者も出さぬ」との決意をもって臨み、藩士に対しても俸禄《ほうろく》半減を継続して協力を求め、三年にわたった難局をどうにか乗り切ったのでありました。

この間、弘道館の建設事業計画は中断の已《や》むなきに至っておりましたが、前節で解説しましたように、『弘道館記』の草案起草、記文校訂、公式発表、碑石の採掘搬送などは、着実に進められていました。

そして、飢饉の恐れも遠《とお》退《の》いた時期の天保十年（一八三九）正月に、弘道館建設の敷地が「水戸城三之丸」の地に決定されました。

同地には、山野辺主水正《やまのべもんどのかみ》・太田丹波守《おおたたんばのかみ》・鳥居瀬兵衛《とりいせへえ》・宇都宮弥三郎《うつのみややさぶろう》・杉浦羔次郎《すぎうらこうじろう》ら十数名の重臣の屋敷居宅がありました。中には強く移転に反対する者もあったようですが、順次、周辺の北三之丸や南三之丸の地などへ移転がなされて行きました。

ところが、同十年九月に、烈公が《土地方改正《とちがたかいせい》（検地）と学校建設（弘道館）》を親しく指揮督励するために、「明年就藩《しゅうはん》の事」を一般に布達したところ、翌十月に、水戸の番頭《ばんがしら》（大番頭《おおばんがしら》・書院《しょいん》番頭・新《しん》番頭など）ら七十余名が連署して、改革事業に反対する当時の江戸家老藤田貞正《さだまさ》と気脈を通じ、⑴本年の俸禄《ほうろく》を、半減ではなく完給《かんきゅう》するか、さもなければ、⑵明年の御帰国は延期して頂きたいと訴え出ました。

この一件を「番頭《ばんがしら》の嗷訴《ごうそ》」事件と呼んでいます。（『水戸藩史料』別記上・巻十一）

これに対し烈公は、門閥家《もんばつけ》の弊害をこの際一挙に排除しようと考えられ、家老や番頭の主だった者数人を、隠居《いんきょ》・減禄《げんろく》・役禄召上《やくろくめしあげ》などの厳罰に処しました。

次いで同年十一月、新たに、
○　興津所左衛門克広《おきつしょざえもんかつひろ》・近藤義大夫礼文《ぎだゆうのりぶみ》→［執政《しっせい》（家老）］
○　戸田銀次郎忠敞《ただあきら》・武田正生《まさなり》（耕雲斎《こううんさい》）→［参政《さんせい》（若年寄）］
に任じ、やゝ遅れて翌十一年正月に、
○　藤田東湖→［側用人兼学校造営懸《そばようにんけんがっこうぞうえいがかり》］

に抜擢して、藩政府の陣容を一新しました。

そしていよいよ、天保十一年（一八四〇）正月二十五日、烈公の第二回水戸帰国が実現し、二月二十日には学校首脳部の任命発令がありました。

［弘道館掛《こうどうかんがかり》］――執政《しっせい》渡辺寅《とら》・参政《さんせい》戸田忠敞《ただあきら》・側用人《そばようにん》藤田東湖。

［教授頭取《きょうじゅとうどり》（總教《そうきょう》）］――会沢正志斎・青山延于《のぶゆき》（雲龍《うんりゅう》）。

［教《きょう》　授《じゅ》］――杉山忠亮《ただすけ》（復堂《ふくどう》、江戸弘道館主務）・青山延光《のぶみつ》（佩弦斎《はいげんさい》）。

また、工事は普請奉行《ふしんぶぎょう》に委任して、二月から開始されましたが、敷地内重臣邸の移転の問題もあり、本格的工事に取り掛かったのは八月頃からであったと思われます。

工事開始から一年余の期間を経て、天保十二年（一八四一）七月十五日に弘道館の主要な建物等の竣工をみたのでありました。

同日、烈公から「建学の大意」が士臣に示され、また「文武生徒の課業日割」等の例規も提示されました。但し「学則」は未整備で、完成するのは本開館後のことです。

その他、種々の準備を整えた上で、十二年八月朔日《ついたち》（一日）に、所謂「仮開館式」が挙行されました。

何故、「仮開館式」であったかと言いますと、諸施設の建築工事等がすべて完了したわけではないこと。特に学校御祭神の鹿島神社《かしまじんじゃ》に、鹿島神宮からの建御雷神《タケミカズチノカミ》（武甕槌神）の分神遷座《ぶんしんせんざ》が行なわれていないこと。および孔子廟《こうしびょう》に孔子神位《しんい》が未だ安置されていないこと。等々がその理由であったと言われています。

## 【仮開館式挙行】

仮開館式が挙行された八月朔日は、「八朔《はっさく》」と称される当時の祝日に当たっておりましたので、藩士は総登城し、形の如く式典が行なわれました。

その後、烈公は二之丸に祀られている御廟《ごびょう》に参拝し、大手橋を渡って弘道館へ臨まれたそうです。以下、『水戸藩史料』と『水戸弘道館大観』によって当時の様子を垣《かい》間見《まみ》てみましょう。

開館式において、先ず總教《そうきょう》の青山雲龍（延于）が『日本書紀《にほんしょき》（神代巻《じんだいのまき》）』の講義をし、同じく会沢正志斎が『孝経《こうきょう》（首章）』を講義したのち、槍術《そうじゅつ》・一刀流《いっとうりゅう》・田宮《たみや》流居合《りゅういあい》などの武術師範の演技が行なわれましたが、江戸の剣客斎藤弥九郎《さいとうやくろう》も来賓として来水。式に参列したのち、なお数十日滞在して剣術の指導にあたってくれました。

この日は、雨天であったそうですが、藩士達は勿論、領内の郷士《ごうし》や神職《しんしょく》者に至るまで、出席した者の数は三千余人を数えたと言います。とにかく水戸藩校弘道館の開館は、大変な人気であったようで、後期の水戸藩に於いて、最も華やかな時であったのではないでしょうか。

尚、本開館式が挙行されたのは、この時から十七年目の安政四年（一八五七）五月九日のことでありました。

## 四、弘道館の教育と施設規模

### 【文武の教職員】

弘道館の教職員は、政教一致の観点から、必ず藩政府の役務を兼務することが原則とされました。

尚、現代で言う「校務《こうむ》分掌《ぶんしょう》」ついては、開館当初は次のような情況でした。

(1)学校總司《そうつかさ》――一人。家老（執政《しっせい》）・番頭《ばんがしら》・参政《さんせい》などが兼務。［渡辺寅《とら》など］

(2)学校奉行《ぶぎょう》――一人。側用人《そばようにん》などが兼務。［藤田東湖など］

(3)教授頭取《とうどり》（總教《そうきょう》）――二人。小姓頭《こしょうがしら》が兼務。館中一切の事を総理。［会沢正志斎・青山雲龍（延于《のぶゆき》）など］

(4)准總教《じゅんそうきょう》（教授頭取代《とうどりだい》）――一人。小姓頭取《こしょうとうどり》（通事《つうじ》＝藩主の側近）が兼務。江戸藩邸の学事を総理。［杉山復堂《ふくどう》（忠亮《ただすけ》）など］

(5)教授《きょうじゅ》――一人。小姓頭取が兼務。学生を監督し、居学生《きょがくせい》の輪講《りんこう》や試文《しぶん》の検閲《けんえつ》などを担当。［青山佩弦《はいげん》（延光《のぶみつ》）など］

(6)助教《じょきょう》――三人（内一人は江戸藩邸）。小納戸《こなんど》・次番組《つぎばんぐみ》などが兼務。経書《けいしょ》（儒教の経典）の講義、諸公子《しょこうし》の侍読《じどく》を勤める。居学生《きょがくせい》の輪講・詩文を検し、講習生の輪読を監督、質問を受ける。

(7)訓導《くんどう》――十人（内三人は江戸藩邸）。平士《へいし》以上から任命。講習生の輪講・会読《かいどく》を指導監督。交代で宿直し、寄宿生を監督。

(8)舎長《しゃちょう》――九人（内三人は江戸藩邸）。平士以上から任命。

輪講・会読の席を監督。その他雑務、宿直を担当。

(9) **その他の教職員**――文庫役、武術師範・武術手副《てぞえ》、歌学教師、天文教師、算数教師、地図局長、音楽管頭《かんがしら》・音楽役、諸礼《しょらい》教師、医学教授・本草局長・蘭学《らんがく》医師、画工など。

**【規模・施設の概要】**

弘道館の規模と施設について、その概要を紹介しておきましょう。

(1) **弘道館の敷地面積**――約五四、〇七〇余坪（約一七八、四〇〇㎡）

※『水戸弘道館大観』では、約五七、〇〇〇坪（約一八八、一〇〇㎡）

**《他藩の藩校との比較》**

◇金沢の明倫堂《めいりんどう》＝約一七、八〇〇坪　◇幕府の昌平黌《しょうへいこう》＝約一一、〇〇〇坪

◇萩《はぎ》の明倫館《めいりんかん》＝約一四、三〇〇坪　◇会津《あいづ》の日新館《にっしんかん》＝約七、〇〇〇坪

(2) **建設・運営の費用**

① 建設費＝約二万両⇒藩主の御手元金（内帑金《ないどきん》）で。

② 永続運営費＝久慈郡太田村の地、五千石の田地を学田《がくでん》として経営。

(3) **諸施設**──建物の建坪は、約五、〇〇〇余坪あったと言います。

① **正庁《せいちょう》（学校御殿《ごてん》）**──── 現存 国指定文化財（建造物）

※ 藩主が臨席し、文武の大試験、儀式などに用いられた館内の第一の場所。

○正席《せいせき》（一の間）　○二の間　○三の間　○玄関の間　○大番詰所《おおばんつめしょ》　○畳廊下《たたみろうか》

**◉烈公自筆の「游於藝」（藝《げい》に游《あそ》ぶ）の扁額《へんがく》**

──対試場《たいしじょう》に面した正席の軒下《のきした》に掲留。

◇**出典**──『論語』述而篇《じゅつじへん》

「子曰、志《こころざシ》二於道《みちニ》一、拠《より》二於徳《とくニ》一、依《より》二於仁《じんニ》一、游《あそブ》二於藝《げいニ》一。」

② **至善堂《しぜんどう》**──現存 国指定文化財（建造物）

※ 藩主や諸公子《こうし》等の控室及び勉学所。奥の御座《ござ》の間《ま》を含め四室。

◇出典──『大学《だいがく》』の三綱領《さんこうりょう》

「大学《だいがく》の道《みち》は明徳《めいとく》を明《あきら》かにするに在《あ》り、

烈公筆「游於藝」の扁額

民《たみ》を親《あらた》にするに在《あ》り、至善《しぜん》に止《とどま》るに在《あ》り。」（原漢文）

※　明治元年4／15～7／19――徳川慶喜公の謹慎の部屋となった。

③　**文館**――焼失　居学寮《きょがくりょう》、講習寮《こうしゅう》、句読寮《くとう》、寄宿寮《きしゅく》、編修局《へんしゅう》、系纂局《けいさん》など。

④　**武館**――建物は焼失　武道対試場《ぶどうたいしじょう》（屋外）、撃剣館《げきけんかん》、槍術館《そうじゅつかん》、柔術館《じゅうじゅつかん》など。

⑤　**外舎**《がいしゃ》――焼失　歌学局《かがく》、兵学局《へいがく》、軍用局《ぐんよう》、音楽局《おんがく》、諸礼局《しょらい》。

⑥　**医学館**《いがくかん》**と養牛場**《ようぎゅうじょう》**・薬草園**《やくそうえん》――「弘道館大学医学部・総合研究所」的役割。

※　医学館＝**「賛天堂**《さんてんどう》**」**――焼失　天保十四年6／28開館。

◇出典――『中庸《ちゅうよう》』＝「則《チ》可《シ》以《テ》賛《たすク》天地之化育《かいく》ヲ」

⑦　**他の施設**――天文方《てんもんがた》・天文台《てんもんだい》、調練場《ちょうれんじょう》、馬場《ばば》、弓砲場《きゅうほうじょう》など――建物は焼失

⑧　**鹿島神社**《かしま》――祭神「建御雷神《タケミガズチノカミ》（武甕槌神）」――戦災で焼失・仮社殿復興

※　祭神《さいじん》と分神勧請《ぶんしんかんじょう》の事情については、本書「第二章『弘道館記』の現代語訳と語釈」を参照して下さい。

⑨　**孔子廟**《こうしびょう》――孔子を祀る。平屋建て、瓦葺《かわらぶ》き入母屋造《いりもやづくり》。　戦災で焼失・再建

⑩ **学生警鐘**《がくせいけいしょう》（合図用の釣鐘《つりがね》）

※ 注連縄《しめなわ》と八咫鏡《やたのかがみ》・勾玉《まがたま》を榊《さかき》にかけて、四手《しで》をつけた浮彫《うきぼ》りが施《ほどこ》されており、また烈公の和歌（万葉仮名）も浮彫りされています。

○ **物学**《ものまな》**ぶ人**《ひと》**の為**《ため》**にとさやかにも暁**《あかつき》**告**《つぐ》**る鐘**《かね》**のこえかな**

⑪ **八卦堂**《はっけどう》――『弘道館記』の碑亭堂舎。

戦災で焼失・再建

※ 詳しくは、本書《第三章――二、『弘道館記』の起草と記碑の建立――【弘道館記碑の建立】》の項を参照して下さい。

『弘道館記』の碑亭・八卦堂

⑫

**要石《かなめいし》の歌碑**――『弘道館記』の精神、及び烈公や藤田東湖の至願を最も端的に、また的確に表現された烈公の和歌が一首、万葉仮名で刻まれています。

①行末毛《ゆくすえも》 富美奈《ふみな》 太賀幣《たがへ》 曽蜻島《そあきつしま》

②大和《やまと》 乃《の》 道存《みちぞ》 要《かなめ》

③那里《なり》 家《け》 流《る》

○ **行末《ゆくすえ》もふみなたがへそ蜻島《あきつしま》 大和《やまと》の道《みち》ぞ要《かなめ》なりける**

※「蜻島《あきつしま》」は、日本のことです。

※右の和歌中に、「要《かなめ》なりける」という一節があるところから、「要石《かなめいし》」と呼ばれています。

※石材は、小田原《おだわら》城主大久保《おおくぼ》加賀守《かがのかみ》忠真《ただざね》から寄進された「伊豆石《いずいし》」です。

※地上露出部の高さ約二〇三cm、広い部分の幅約一九〇cm、厚さ約三四cm。

⑬ **種梅記《しゅばいき》の碑**（梅《うめ》を種《う》うるの記）

※ 高さ約一九八cm、幅約九八cm、厚さ約二七cmの斑石《まだらいし》。

※ 文の一節「夫《そ》れ梅の物たる、華《はな》は則ち雪を冒《おか》して春に先んじて風騒《ふうそう》の友となり、実《み》は則ち酸《さん》を含《ふく》んで渇《かわ》きを止《と》め、軍旅《ぐんりょ》の用《よう》となる。嗚呼《ああ》備《そなえ》あれば患《うれ》ひなし。」

⑭ **正門**――現存 国指定文化財（建造物）

※ 桟瓦葺《さんがわらぶ》きの四脚門《しきゃくもん》。左右に瓦葺き漆喰《しっくい》塗《ぬ》りの土塀《どべい》が続いています。

《弘道館の正門》

**【修学年限と教育課程】**

弘道館における修学年限と教育課程（カリキュラム）について概観してみましょう。

**(1) 修学年限**

① **入学**――藩士の子弟、十五歳以上。

※ それ以前は、家塾《かじゅく》（藩の公費で運営される私塾で、多くは弘道館の教師が指導）に十歳頃―実際には八・九歳頃が多い―から通って素読《そどく》や習字《しゅうじ》を学び、十五歳になって四書五経の素読を修了した者は、家塾の教師が保証人となって、入学願を提出します。やがて弘道館役所から、学生登館の日の指示があり、論《ろん》語《ご》や孝経《こうきょう》に関する試験が行なわれ、一定レベル以上であれば［講習生］として入学が正式に許可されます。武術の方は、無試験ですぐに入学が出来ました。

② **入学式**――極めて厳粛に挙行されました。

※ 入学生の服装は、麻裃《あさかみしも》の礼服（平常は羽織袴《はおりはかま》、のち無羽織も可）です。

③ **卒業式**――ありません。生涯教育が大原則。四十歳以上の通学は任意。

○武術の課程は、免許・指南《しなん》免許・印可《いんか》を受けるが、卒業式はありません。

○それぞれの地位や立場、年齢によって通学の義務日数等が異なります。

### ④藩士以下の人々の就学について

○諸卒《しょそつ》＝同心《どうしん》（他藩での足軽に相当）――武館への入学許可。文館へは、篤《とく》志《し》・好学《こうがく》の者だけ願いの上、入学を許可されました。

○**村々の農民や郷士《ごうし》など**――「弘道館」は、藩士教育のための学校ですから、入学はできません。代りに領内各地の「郷校《ごうこう》」で勉学修業をします。

時々、弘道館から助教《じょきょう》や訓導《くんどう》、武術師範《しはん》や手副《てぞえ》、医学館の教師などが出張し、講義をしたり武術を教授しました。弘道館創立以前に、設立されていた郷校《ごうこう》（医術修得が主）には、小川の稽医館《けいいかん》、潮来《いたこ》の延方学校《のぶかたがっこう》、湊の敬業館《けいぎょうかん》、太田の益習館《えきしゅうかん》などがありましたが、弘道館開館以後は次第に文武の教育を主とする弘道館分館の性格が強められ、小川郷校《おがわごうこう》や太田郷校《おおたごうこう》など地名を冠《かん》した校名となります。その後も続々と建設され、幕末までに十五の郷校が誕生しました。（『水戸弘道館大観』・瀬谷義彦氏著『水戸藩郷校の史的研究』）

○藩校弘道館は、藩士の子弟を養成教育するところですが、その学風や精神は地方農村の郷校《ごうこう》を通じて、領内郷村に普及し、幕末に活動した有志の多くが、その郷校から輩出していることも、重要なことであると思います。

○尚、女子（武家であっても）及び他藩の人々は、弘道館への入学は許可されませんでした。

## (2) 教育課程

①新入生は、［講習生《こうしゅうせい》］となって、講習寮《こうしゅうりょう》で約十名位の組編成で指導を受けます。
家塾での教育が《初等教育》とすれば、これは《中等教育》にあたります。

○第一段階＝［会読生《かいどくせい》］――訓導《くんどう》から経書《けいしょ》（四書五経など儒学の書物）の講義を受け、経史《けいし》（経書と歴史）の会読を行ないます。

○第二段階＝［輪講生《りんこうせい》］――教科書（論語→孟子→春秋左氏伝《さしでん》の順）をもとに、組毎に当番の学生が講義し、質疑応答を行ないます。

②次に、［居学生《きょがくせい》］に進級します。年齢は19歳～33歳位。初めて弘道館教授頭取

（總教）の講義を聞くことが出来ます。

○課業内容は、輪講・講義が中心ですが、特に自主研究が重視され、毎月二回の「試文《しぶん》」（和文と漢文）を受験します。

③〔寄宿生《きしゅくせい》〕の制度――実際には安政四年の本開館式以後から。御小姓寄合《おこしょうよりあい》・三百石以上の嫡子《ちゃくし》で十八歳以上。「一年に三ヵ月昼夜詰切《つめき》り」。幹部教育です。

### (3) 課業期間と日課・学科

① 課業日数――身分と年齢により差があります。身分が上、高禄の者ほど通学義務日数が多くなっています。

◇毎月15日間・12日間・10日間・8日間の四区分――三十歳以上は、半減。

◇四十歳以上は、免除・任意。ただし卒業はありません。

② 日課――午前八時～午後四時＝一日。夏季時間（午前中）の制度もあり。

午前中＝学問、午後＝武道←「朝文夕武《ちょうぶんせきぶ》」の故事にならう。

③ 学科――〔必修科目〕＝**経史**《けいし》（**経書**＝四書五経と**歴史**＝『史記』など）

［選択科目］＝歌学《かがく》・天文・算学《さんがく》・地図・音楽・諸礼《しょらい》など。

［武道］＝剣術・槍術《そうじゅつ》・兵学・軍用・射術《しゃじゅつ》・馬術・柄太刀《えだち》・薙刀《なぎなた》・居合《いあい》・砲術・火術《かじゅつ》・柔術・杖術《じょうじゅつ》・小太刀《こだち》・水練術《すいれんじゅつ》など。

④ 試験――◆毎月二回、和文と漢文の試験があります。これを「試文《しぶん》」と称しました。
◆年に一回、藩主が臨席して、厳粛なる「文武大試験」が行なわれます。成績優秀な者は、表彰されました。

⑤ 武道の特別講師――江戸の剣客斎藤弥九郎《さいとうやくろう》、千葉周作《ちばしゅうさく》など。
同　常任講師――金子健四郎《かねこけんしろう》（無念流《むねん》）、海保帆平《かいほはんぺい》（一刀流）など。

「弘道館と烈公の詩歌」

［和歌］

○　「弘道館の梅をよめる」

葦原《あしはら》の瑞穂《みずほ》の国《くに》の外《そと》までもにほひ《（匂ひ）》伝《つた》へようめ《（梅）》の花園《はなぞの》

［漢詩］

○　「題㆓弘道館庭中梅花㆒」　（弘道館庭中《こうどうかんていちゅう》の梅花《ばいか》に題《だい》す）

弘道館中千樹梅　（弘道館中千樹《こうどうかんちゅうせんじゅ》の梅《うめ》）

清香馥郁十分開　（清香馥郁《せいこうふくいく》（として）十分に開く）

好文豈謂㆑無㆓威武㆒　（好文豈《こうぶんあに》威武《いぶ》なしと謂《い》はんや）

雪裏占㆑春天下魁　（雪裏《せつり》春《はる》を占《し》む天下《てんか》の魁《さきがけ》）

# 第四章　その後の水戸藩と弘道館

水戸の藩校「弘道館」は、天保十二年（一八四一）八月一日に仮開館式が挙げられ、遠大な理想と画期的な構想に基づき、将来を担う人材の育成をめざして、教育が開始されました。

しかし、その後の激変する時代の推移は、水戸藩を揺り動かし、烈公達にとっても大変な苦難の連続となりました。弘道館の教育もまた例外ではありませんでした。

仮開館三年後の弘化元年（一八四四）五月には、烈公が幕府から処罰されて隠居謹慎を命ぜられ、東湖達も蟄居《ちっきょ》・幽閉《ゆうへい》されました。弘化甲辰《こうかこうしん》の国難《こくなん》です。

また、安政二年（一八五五）十月、藤田東湖と戸田忠敞《とだただあきら》が江戸の大地震で圧死したことは、烈公にとっても弘道館にとっても大打撃でした。

それでも安政四年（一八五七）四月、鹿島神宮から弘道館鹿島神社への分祀勧請《ぶんしかんじょう》のことが幕府から許可され、五月六日に分祀祭《ぶんしさい》、八日夜半に遷宮祭《せんぐうさい》、翌九日に、長年した。仮開館式から実に十七年目にして挙行されました。

こうして、いよいよ充実した教育が展開されて行くであろうと、期待されたのであ

りましたが、「変《へん》の至《いた》るや知るべからず」の譬《たと》えのとおり、

○安政五年（一八五八）七月　烈公、「急度慎《きっとつつしみ》」。

九月　安政《あんせい》の大獄《たいごく》。

○安政六年（一八五九）八月　烈公、「国元永蟄居《くにもとえいちっきょ》（終身刑・一室内に謹慎）」。

家老安島帯刀《あじまたてわき》（切腹）や藩士茅根伊予之介《ちのねいよのすけ》（死罪）

など数名が断罪――幕末水戸藩の悲劇の始まり。

○万延元年（一八六〇）三月三日　桜田門外《さくらだもんがい》の変（大老井伊直弼暗殺）。

八月十五日烈公、心臓発作、水戸城で急逝。

と、情勢激変が相次ぎましたが、その後も、

○坂下門外《さかしたもんがい》の変（文久二年・一八六二）、

○所謂天狗党《てんぐとう》の筑波山挙兵と諸生党《しょせいとう》との戦い、西上事件・敦賀《つるが》での処刑（元治元

年・一八六四～慶応元年・一八六五）

○大政奉還《たいせいほうかん》と王政復古《おうせいふっこ》の大号令《だいごうれい》（慶応三年・一八六七〜明治元年・一八六八）
○明治戊辰戦争《めいじぼしんせんそう》（明治元年・一八六八〜明治二年・一八六九）
と続き、徳川幕府が崩壊し、明治天皇を中心と仰ぐ御維新の時代を迎えました。

この間明治元年には、天狗党生残りの武士達と市川派諸生党との間で、弘道館戦争と称される凄惨《せいさん》な戦いもあり、文館・武館・医学館などの貴重な施設が焼失しました。

本書執筆の参考書として利用させて頂いた『水戸弘道館大観』の著者、名越漠然《なごやばくぜん》氏は藩校弘道館の最後の学生でした。氏は、弘道館戦争の翌年、明治二年（一八六九）に弘道館に入学されていますが、その頃の様子を、

「此際は弘道館も戦後文武両館焼失して、或は残破《ざんぱ》したれば、文館を城内彰考館《しょうこうかん》内に仮設され、やがて弘道館の修繕《しゅうぜん》ありて後之《のち》に移れり。」

（『水戸弘道館大観』所収の名越時正氏「復刻に際して」）

と記されておりますので、明治初年の右のような情況下でも、弘道館教育は継続されていたことがわかります。

やがて、明治五年（一八七二）十二月八日、遂に水戸藩校弘道館は閉鎖され、幕を

閉じました。天保十二年（一八四一）八月の仮開館式から約三十年間の歴史でした。

従って、天保十二年から三十年。上記のやうな政情の激変・激動はありましたが、学校である弘道館では、よほどの事が無いかぎり学生の入学・通学は、通常どおり行なわれ、講義や輪講、武道の修練等は実施されていたと言ってよいでありましょう。しかし、実際の学校運営や教育実践の面から言えば、大変な苦難の連続であったと想像されます。

しかも、そうした中で育成された幾多の水戸藩の人材は、幕末激動の渦中に身を投じて落命し、明治御一新《ごいっしん》の御代《みよ》を迎えた時、水戸は悲惨な情況になっていたのでありました。

だが、義公以来、大日本史の編纂を縦軸として育まれ、培養されてきた水戸の学問思想や水戸の心は、時を経て、徳川斉昭や藤田東湖・会沢正志斎などによって、大きな美しい花を咲かせ、「水戸学」としての名声を世に広めるに至ったのでありました。

それは、まさに「身《み》を捨《す》てて仁《じん》を為《な》す」の譬えのとおり、水戸人としては、幾多の惨劇《さんげき》や悲劇《ひげき》に身を置きながら、近代日本＝明治維新という輝かしい時代を創世する礎《いしずえ》となったことを、現実の歴史に残したものと言えるでありましょう。

名越漠然氏は、『水戸弘道館大観』の最終章「弘道館の終末と其の結論」の中で、「……惨澹《さんたん》を極めたのが則ち正実な徹底的な実行の結果である。拙《せつ》といへば固《もと》より拙であらう。然し巧拙《こうせつ》は水戸学を論ずる標準とはなるまい。

水戸学は宝剣《ほうけん》である。幽玄《ゆうげん》ではなく透明《とうめい》である。婉曲《えんきょく》でなく剛直《ごうちょく》である。之《これ》を用ふれば切れ過ぎる程切れる。痛快である。男性的である。水戸魂は則ち此の表現である。但し其の用《もち》ゐ方が大目的に向って用ゐる機会を得ないで、手段の為に用ゐたから遂に惨澹《さんたん》たる結果に終ったのであらう。

然しながら使用の方法に因《よ》って、宝剣の価値が決まるものではあるまい。

水戸学は、日本の神髄《しんずい》である。水戸藩は其の立場が困難であったゝめに、遂に惨澹たる結果を見たが、水戸学の精神は既に全国に彌漫《びまん》し天地に磅礴《ほうはく》して、明治中興の原動力となり、やがて我が国大発展の根底となった所からいへば、其の発祥地たる水戸が、一藩を犠牲《ぎせい》にしたのも寧《むし》ろ余栄《よえい》ありと謂《いい》つべしである。」

と、水戸の歴史と「水戸学」に対し、弘道館教育を身を以て体験された当時の生き証人として、冷厳なる分析と共に、暖かい評価も下されています。

弘道館は、明治五年（一八七二）12／8に閉鎖されたのち、明治八年（一八七五）に太政官布告《だじょうかんふこく》により敷地一帯は「公園」となり、建物は明治十五年まで茨城県庁の庁舎として使用され、その後一時、小学校や高等女学校などの仮校舎となりました。

大正十一年（一九二二）3／8に史跡指定を受け、昭和二十年（一九四五）8／2の戦災で鹿島《かしま》神社、孔子廟《こうしびょう》、八卦堂《はっけどう》などが焼失しましたが、正庁《せいちょう》と至善堂《しぜんどう》は、幸いにも罹災《りさい》を免《まぬが》れ、昭和二十七年（一九五二）3／29、国指定特別史跡《くにしていとくべつしせき》に指定されました。

そして、昭和三十八年（一九六三）に大修理及び一部の建物の復元が完了して、今日に至っております。

『弘道館記』の碑文は、時空《じくう》を越えて、読む人の心を日本二千年の歴史の中に蘇《よみがえ》らせてくれるものと信じます。

「弘道《こうどう》とは何《なん》ぞ、人《ひと》能《よ》く道《みち》を弘《ひろ》むるなり。」

まさに万代《ばんだい》に生きる、何人《なんぴと》と雖《いえど》も否定し得ない素晴らしい言葉ではありませんか。

『弘道館記』に述べられた心を、現代人のそれぞれの立場において、何らかの形で生かして下さることを心から期待して、解説文の筆を擱《お》きたいと思います。

# あとがき

▼『弘道館記』は、現代においても不思議な魅力を備えているように思われます。吟詩のことば一つひとつを大切にし、先人の心に直参しようと努力されている吟詠の会などでは、『弘道館記』の語句や文章の理解を深めようと研修会を開き、また『弘道館記』の朗吟詠にも挑戦されている会があると、聞き及んでおります。

▼一見、解り易いようでいて、取り組んでみると奥底の深さに、自らの学問の浅薄さを痛感させられるのも、この『弘道館記』の一文であると思います。

▼『弘道館記』は、英語や独語に翻訳されて、外国へも紹介されています。

『弘道館記』の英訳文は、イギリス人で日本に帰化し、こよなく日本を愛された、リチャード・ポンソンビ・フェイン（一八七八〜一九三七）、即ち日本名を「本尊《ポンソン》美利茶道《ビリチャド》」と称されたポンソンビ博士が書かれたものが、『本尊美博士著作選集』【英文】（第四巻、本尊美博士記念会・一九六二年発行）及び「財団法人明治聖徳記念学会」発行（一九三七年）の『弘道館記』に収録されております。他に、加藤玄《げん》智《ち》博士（同記念学会研究所長）や尾野《おの》稔《みのる》教授（立正大学）が書かれた英訳文も、右の明治聖徳記念学会の『弘道館記』に収録されております。

▼本書では、ポンソンビ博士の英訳文を、前記の『本尊美博士著作選集』から採録して、［付録］の形で掲載させて頂くことにいたしました。

尚、掲載については、本会の照沼好文理事の御尽力により、本尊美博士記念会の桧山謙氏（故人）から承諾を頂いていることを付記致します。

▼本書掲載の写真撮影については、弘道館事務所および幕末と明治の博物館の職員の方々に大変お世話になりました。厚く御礼申し上げます。

▼また本書を含め、「水戸の碑文シリーズ」の刊行については、水戸史学会の名越時正会長、宮田正彦・久野勝弥両副会長、照沼好文理事、及び錦正社社主の中藤政文氏等の方々から、特段の御尽力を頂いたことを付記し、感謝の意を表したいと思います。

平成十四年七月七日

著者　但野正弘識

幸にも私には，こうした資格を持ち合わせていない。

私の訳は，有名な水戸学者天海謙氏のたっての願いによって，急に引き受けてしまった。それは，弘道館記を英訳する目的だけで，水戸黄門（註，烈公）の内面的思想を説明しているとは申せない。ともあれ，記文の逐語訳ですら極めて不完全であるのに，その上，加藤教授（註，玄智博士）の，英訳刊行の要請にも，私は応じてしまった。それは，この訳文を土台として，加藤教授自身，館記の英訳を試み，更に完全な訳に近づけたい希望があり，かつ，私の英訳をみて，一層すぐれた訳を完成させてみようと志す，後学を鼓舞することもあろうかと思ったからである。

要するに，弘道館記について，何篇かの独自の英訳がなされるとき，それぞれのよい訳文を選択・摂取することによって，更に完全な弘道館記の英訳に近づけて行くことが可能であろう。こうした意味で，私の英訳も，何らかの役に立てば幸甚である。

1936年３月

R. ポンソンビ・フェイン

京都上賀茂にて

*it may be possible, by selecting passages from one, and passages from another, to arrive at something approaching an adequate rendering. My own translation may perhaps serve to show what it does not mean.*

*March, 1936*

*R. Ponsonby Fane,*

*Kamikamo, Kyoto*

【註2】前頁のポンソンビ博士英文コメント（筆記体）について。

英訳文の『弘道館記』には，ポンソンビ博士の英文コメントが『本尊美博士著作選集』本では前書，「明治聖徳記念学会」本では後書の形で収録されています。

本書では，後書の形で掲載し，参考の為に照沼好文氏の和訳文を，同氏の御好意により以下に掲載させて頂きました。

弘道館記の翻訳は，単に国史やシナの古典だけでなく，水戸藩の学者達によって，館記に試みられた特別な解釈に，十分精通することが要求されるが，不

us.

Who is it that by building this hall has transmitted this teaching? It is Gon Chunagon Jusanmi Minamoto-no-Asomi Nariaki.

Tempo 9, 3rd month.

Selected, written and the title subscribed by Nariaki.

(註2) *The translator of the Kodokwanki requires to be well versed not only in the national history, and the Chinese classics, but in the particular interpretation put upon them by the scholars of the Mito clan, and I am unfortunately not possessed of these qualifications.*

*My translation was undertaken at very short notice, on the pressing request of Amagai Ken, a well-known exponent of Mitogaku. It aimed at no more than rendering the Kodokwanki into English, and made no pretence at interpretating the inward philosophy of Mito Komon. Even as a literal translation it is faulty in the extreme, and I accede to Prof. Kato's proposal to publish it, only on the grounds that he himself puts forward for his own far more able translation, i.e. that it may inspire others to better it.*

*When several independent translations have been made,*

remote ages, and he bequeathed his spirit to this place, and so, in a spirit of grateful research, I wished the people to know the origin of this way.

Why is the temple of Confucius established here? It is because the way of To and Gu, and the 3 dynasties, is embodied herein, and I wished to reverence his virtue, and rely on his teaching, and to let the people know that it was not by chance that this path has become broader and broader, and clearer and clearer.

Ah! the people of my country toiling early and late, coming in and out of this building, receiving the way of this divine country, and relying on the teaching of the western lands, being loyal yet filial, the pen and the sword sheathed in friendship, toil of brain and toil of hand not differing in their achievement, reverencing the Gods, and revering the Sages. Without prejudice, or partisanship, comprising the thoughts of all, and exhibiting united strength, so as to require the unending loving kindness of their fatherland, and with all this how can it come to pass that the purpose of our ancestors shall fail, and, moreover, the spirits of our Divine Emperors, which are on high, shall also descend upon sued, and for long ages the great way became obscured.

Our Toshogu suppressed the civil strife, and restored law and order; the Emperor was revered; barbarians were expelled and the arts of the pen and the sword laid the foundations of a great peace.

Our Iko became the first Lord of Mito, and, from the first, admiring Yamatotakeru-no-Mikoto, reverenced Shinto, and exercised himself in military preparedness. Giko succeeded, and, deeply impressed by the example of Hakui and Shukusei, still more reverenced Confucian doctrine, elucidated the five relationships, and made them the bulwark of the State.

Now some 150 years later, generation succeeding generation, by the favour of our ancestors when we have come to the present day, how should it be that subjects should not, as a matter of course, take thought how they can promote and expand this way, and develop and enlarge the virtue of their forebears. It is thus that this building came to be erected.

Why then is Takemikazuchi worshipped? It is because he brought his brilliant achievements to bear on their Places, and all things were nourished. The medium by which Heaven and Earth, and the four cardinal points, have been illuminated and influenced, and by which the World has been regulated and controlled, has never been other than by this path. Again it is in virtue of this path that the Divine lineage is without end; national dignity is maintained; the people enjoy peace and tranquillity, and the barbarians of the north, south, east and west bow their necks in submission. But the Sage Emperors and their descendants, unwilling to be self-sufficient, rejoiced in striving after human good, for example, in the western Empire in the remote days of the Emperors To and Gu, and of the 3 dynasties of Ka, In, and Shu that followed, ordered rule and instruction were used to further the Imperial purpose. Thereby the path became broader and broader, and brighter and brighter, and there was nothing to add. After the middle ages, however, heresy and perverse doctrine deceived the people, and misled the world, and renegade philosophers and warped scholars lost their hold on the truth; the Imperial influence was destroyed; misfortune and civil strife en-

記』を完成された（昭和12年・1937，明治聖徳記念学会出版の『弘道館記』に収録）。友人達からは「青い眼の高山彦九郎」と呼ばれたという。昭和12年(1937)12月10日に京都市上賀茂南大路の自邸で逝去された。
（参考：照沼好文氏「ボンソンビ博士と『英訳弘道館記』」(「明治聖徳記念学会紀要」平成8年・復刊第19号所収論文)

【註１】英訳文の１頁２行目の〔What is the path?〕――「道とは何ぞ」の一節が，『本尊美博士著作選集』本では欠落していますので，本書では「明治聖徳記念学会本」により補入しました。

What is Kodo? It is the power of mankind to broaden the path.(註1) 〔What is the path?〕It is the great principle of Heaven and Earth, from which mankind must not be separated even for a single instant. For what purpose has the Kodokwan been erected? Looking back with awe and reverence, I venture to believe that the Divine Sages established perfection and transmitted their Sovereignty: Heaven and Earth received

[付録]

# KODOKWANKI

TRANSLATED

BY

RICHARD PONSONBY FANE, LL. D.

【リチャード・ポンソンビ・フェイン博士
(1878～1937)略歴】

日本名：本尊美利茶道（ポンソンビリチャド）1878年英国貴族の子としてロンドンに生まれた。若い頃からイギリス植民地の総督秘書役や香港の総督秘書官を勤め，大正8年（1919）に来日して，東京の成蹊学園で3年間英語を教えたが，皇室及び神道を中心とする日本文化を研究するために京都に移住した。ポ博士は和服を愛用し，食事も和食で，純日本風の生活を楽しまれたという。

ポ博士は皇室・神道の研究から，水戸学に強い関心を示し，昭和9年（1934）に英文の『常磐神社誌』を発表，更に昭和11年（1936）に『英訳弘道館

**著者略歴　但《ただ》　野《の》　正《まさ》　弘《ひろ》**

・昭和15年（1940）　茨城県水戸市に生まれる
・昭和34年３月　茨城県立水戸第一高等学校卒業
・昭和38年３月　茨城大学文理学部文学科（史学専攻）卒業
・昭和38年４月～昭和44年３月
　静岡県浜松日体高等学校教諭
・昭和44年４月～平成13年３月　茨城県立岩瀬高校・同水戸第一高校・同茨城東高校の各教諭を歴任
・平成13年４月～現在（千葉県）**植草学園短期大学　教授**

※　水戸史学会　理事・事務局長、(財)日本学協会　理事
　(財)水府明徳会評議員

※［主要著書］『新版佐々介三郎宗淳』＊『桜田烈士蓮田一五郎』＊『水戸城本丸史談』＊『若き日の水戸黄門』＊『史跡めぐり水戸八景碑』＊『藤田東湖の生涯』＊『黄門様の知恵袋』＊『梅ケ香の軌跡』その他、共著数編あり。

［現住所］〒310-0852　茨城県水戸市笠原町979-42　☎029-243-6910


《水戸の碑文シリーズ２》

# 水戸《みと》烈公《れっこう》と藤田東湖《ふじたとうこ》『弘道館記《こうどうかんき》』の碑文《ひぶん》


平成十四年八月十五日　第一刷
平成二十六年三月十日　第三刷

※定価はカバー等に表示してあります

著　者　©但野正弘
発行所　水戸史学会
　茨城県水戸市笠原町九七九―四二
　（但野正弘方）
発売所　株式会社錦正社
　〒一六二―〇〇四一
　東京都新宿区早稲田鶴巻町五四四―六
　電　話　〇三（五二六一）二八九一
　ＦＡＸ　〇三（五二六一）二八九二
　ＵＲＬ　http://www.kinseisha.jp/
装　丁　吉野史門
印刷所　株式会社文昇堂
製本所　有限会社小野寺三幸製本

ISBN978-4-7646-0261-8